大师开讲

朱熹：

舌尖上的天理和人欲

卿磊 编著

全国百佳图书出版单位
时代出版传媒股份有限公司
黄山书社

图书在版编目（CIP）数据

大师开讲·朱熹：舌尖上的天理和人欲 / 卿磊编著. -- 合肥：黄山书社，2014.5

ISBN 978-7-5461-4451-1

Ⅰ. ①大… Ⅱ. ①卿… Ⅲ. ①朱熹（1130 ~ 1200）–语录 Ⅳ. ①K811

中国版本图书馆 CIP 数据核字（2014）第 076957 号

DASHI KAIJIANG · ZHU XI SHEJIAN SHANG DE TIANLI HE RENYU

大师开讲·朱熹：舌尖上的天理和人欲 卿磊 编著

出 品 人 任耕耘
选题策划 任耕耘 杨 雯
责任编辑 张月阳
特约编辑 李晓阳 赵迪秋
装帧设计 齐 娜
出版发行 时代出版传媒股份有限公司（http://www.press-mart.com）
黄山书社（http://www.hspress.cn）
地址邮编 安徽省合肥市蜀山区翡翠路 1118 号出版传媒广场 7 层 230071
印 刷 安徽国文彩印有限公司
版 次 2015 年 6 月第 1 版
印 次 2015 年 6 月第 1 次印刷
开 本 880mm×1230mm 1/32
字 数 130 千
印 张 8.25
书 号 ISBN 978-7-5461-4451-1
定 价 28.00 元

服务热线 0551-63533706
销售热线 0551-63533761
官方直营书店（http://hsssbook.taobao.com）

目录

克己复礼，谦谦君子（代序）/ 1

第一章 奋斗篇——积累铸就成功 / 1

第二章 处世篇——刚柔并济、方圆兼备的交际艺术 / 31

第三章 修养篇——求仁得仁的修身之道 / 59

第四章 教育篇——从小学到大学的育人之术 / 123

第五章 论学篇——理学大师的经验之谈 / 135

克己复礼，谦谦君子（代序）

公元1852年，即清朝咸丰二年，一支兴起于广西的军队越过省境，闯入湖南，驻兵于长沙城下。在历时三个月的长沙保卫战中，因为湖南士绅的英勇抵抗，这座湘江之畔的楚汉名城始终屹立不倒，避免了沦陷的命运。

而城外的军队，在这次激烈的战争中损失了一位杰出的领袖——太平天国的西王萧朝贵，在攻城之时，不幸一炮穿胸，不治而亡。攻城不克的屈辱与领袖战死的仇恨像不可遏止的洪流在太平军的军营当中蔓延。终于，长沙城外，湘江西岸的一座古老书院在太平军复仇的怒火中被付之一炬。

书院的焚毁，激起了湖南士子的愤怒，后来湘军的许多将领便在这座书院接受理学的培养与熏陶。

就像基督教世界的西斯廷礼拜堂一样，这座长沙城外的古老书院是当时中国读书人心目中的圣地。距今八百多年前的南宋乾道二年（1166），一位理学大师来到这座书院访问，并与书院山长张栻在忠孝廉节堂举行了历史上闻名的“朱张会讲”，由此勾画出此后数百年理学发展的蓝图。这座书院名叫岳麓书院，而这位理学大师便是大名鼎鼎的朱熹。

民间传说，朱熹少赋异禀。在他诞生之前，父亲朱松曾经求人算命。卜者说：“富也只如此，贵也只如此，生个小孩儿，便是孔夫子。”这个被看作孔子转世的灵童，在很小的时候就表现出了强烈的求知欲望与敏锐的思辨能力。四岁的时候，父亲朱松以手上指，缓缓说道：“这是天。”朱熹循着父亲的手指望去，问道：“那么，天的上方又是什么呢？”

父亲的惊讶不言而喻，但他恐怕难以预见，这个孩子以后的人生轨迹竟是一条为天地立心、为生民立命的求知之路。在朱熹的哲学思想当中，世界出现之前，这个广袤的宇宙中便已经存在一种永恒不变的真理，也就是《礼记》中所谓的“中庸之道”。世界正是按照真理的指示建立起来的，而最早发现这一“世界建筑原理”

的人，便是中国上古传说中的圣贤如羲皇尧舜等。朱熹所要做的，便是将圣贤发现的这一“道理”，晓喻普天之下的读书人。

在朱熹的观念中，天理的发现并不仅仅改变了我们对世界的认知，更重要的是它将修正我们的人生态度和人生道路。“存天理、灭人欲”，这在20世纪初曾经为“五四”新文化运动的领袖们所抨击，被认为是“吃人礼教”的思想源头。但后人对这一理论的误解，却不应由理论的创立者们负责。朱熹笃信孟子关于人性本善的学说，他认为人性之所以生来是善良的，那是因为人是天地万物之灵，本天地万物之至理而生。因此每个人都应该有合理的精神与物质需求。只可惜，在茫茫尘世当中，人心的需求被无限地放纵，终于成为不可遏止的贪欲。贪欲带来了人性的扭曲，也带来了道德的沦丧。而朱熹所希望的，便是遏制人性的贪欲即人欲，让它重新回到合理的范畴之内，让人性回归最初的善良与纯洁。

从这个意义上说，朱熹的思想与人生无疑是自律与刻苦的。朱熹曾说，道德修行与学问的进益，就像逆水行船，只有刻苦与努力，才能让你缓慢地前行，最终成为立德立言的士君子，反之则将放任自流，滑向欲望的旋涡而无法自拔。

在朱熹的描述当中，人生的修行与学习无疑是一个漫长而艰苦的过程。要闯过层层的劫难，实现人性的涅槃，必须要有对道德的真心渴望。所谓“知之者不如好之者，好之者不如乐之者”，外力逼迫下的学习是不可能持久的。读书和修行的目的只能是为了自己心灵的健康与丰满。就像吃饭一样，目的是为了填饱肚子，而不是向人炫耀自己所享用的山珍海味。

在明清时期，朱熹的思想曾经是王朝统治不可或缺的精神支柱。在那时的士大夫眼中，中国是天下的中心，而理学则是盛开在宇宙中心最芬芳馥郁的花朵。只是随着中国从一个传统的农耕社会走入现代文明，从闭关锁国的天下观迈入列强林立的新世界，朱熹与他的理学，似乎一夜之间成为了中国走向进步与现代的桎梏。于是他渐渐地被人遗忘，被历史尘封。

今天的中国社会，传统的精神资源又以某种方式回到人们的视野中，甚至于曾经被批判的曾国藩，如今都成为许多职场精英眼中的楷模。可是在推崇曾国藩的人群中，又有多少人知道，这位“同治中兴”的柱石之臣，他的一生，都在遵循着朱熹“存天理、灭人欲”的修炼精神，他的理想便是让世界重新回到朱熹所勾画的周孔盛世的时代。

在这个物欲横流、土豪辈出的年代，我们的精神家园是如此的荒芜与贫瘠。管仲曾说“仓廪实而知礼仪，衣食足而知荣辱”，一个人真正能够获得社会尊重的资本，是他高尚的德行与良好的修养。而朱熹的思想，无疑在今天又有了复活的价值和意义。

在闲暇之余，烹一壶香茗，打开这本小书，与八百年前的朱子隔空交谈，不知不觉中，你将获得智慧的磨砺与人性的升华……

第一章

奋斗篇——积累铸就成功

今天回看朱熹，这位在明清时期备受士林推崇的理学大师，身上闪耀着无数夺目的光环。就连他曾经驻足讲学的岳麓书院，也因为有了这样一位杰出的理学家而被乾隆皇帝御笔亲题“道南正脉”四字匾额。

但是在生前，朱熹的理学追求之路非常坎坷，人们对于朱熹理学的评价也非常苛刻。南宋宁宗庆元六年（1200），生命已到弥留之际的朱熹仍笔耕不辍，不断修改自己对《大学》的注解，但朝廷官员却因为狭隘的党争之见，建议皇帝将朱熹的学说定为伪学而弃之不顾。

然而真理总会发光。就像真金需要经历烈火的淬炼，苦难成就了朱熹奋斗不止、笔耕不辍的人生态度，但天道酬勤，他的思想最终在中国历史上闪烁出耀眼的光芒。时代虽然在变化，但是我们每个人的前途依然有太多的未知与茫然，面对着茫茫前路，或许朱熹的人生经历能够为我们点亮一盏智慧的明灯。

成功之路

圣贤言语，大约似乎不同，然未始不贯。只如夫子言非礼勿视听言动，“出门如见大宾，使民如承大祭”，“言忠信，行笃敬”，这是一副说话。到孟子又却说“求放心”，“存心养性”。大学则又有所谓格物，致知，正心，诚意。至程先生又专一发明一个“敬”字。若只恁看，似乎参错不齐，千头万绪，其实只一理。道夫曰：“泛泛于文字间，只觉得异。实下工，则贯通之理始见。”曰：“然。只是就一处下工夫，则余者皆兼摄在里。圣贤之道，如一室然，虽门户不同，自一处行来便入得，但恐不下工夫尔。”（《朱子语类》）

成功的满足与喜悦都是一样的，通往成功的道路却各不相同。所以，想要成为笑到最后的人，并不在于你选择了怎样的道路，而在于你是否在自己选择的道路上坚持不懈地走下去。

成功从哪里开始

根本须是先培壅，然后可立趋向也。趋向既正，所造浅深，则由勉与不勉也。（《近思录》）

成功并不神秘，实现成功所需的，只是扎实的根基与勤勉的努力。

见机之明

《明夷》初九，事未显而处甚艰，非见几之明不能也。如是，则世俗孰不疑怪？然君子不以世俗之见怪而迟疑其行也。若俟众人尽识，则伤已及而不能去矣！（《近思录》）

《周易》当中有叫做“明夷”的这么一卦，卦象是“日入地中”，预示着时代将步入黑暗，想要有所作为的君子应该藏器待时。

世人常以成败论英雄，只看到人的成功与失败，却看不到通往成功或失败的道路。唯有慧眼独具的君子，才能见到成功的先机。虽然在常人的眼中或许他的选择是如此的怪异，但这恰恰是他作为一时之杰的标志，因为人人都能够看到的所谓机会，绝不是真的机会。君子之所以异乎凡俗，便在这独见之明。

走自己的路

人所以不能行己者，于其所难者则惰。其异俗者，虽易而羞缩。惟心弘，则不顾人之非笑，所趋义理耳，视天下莫能移其道。然为之，人亦未必怪。正以在己者义理不胜，惰与羞缩之病，消则有长，不消则病常在。意思齷齪，无由作事。在古气节之士，冒死以有为，于义未必中，然非有志概者莫能，况吾于义理已明，何为不为？（《近思录》）

成功在于坚持自己所选的道路，而坚持自己的道路，在于不避前途艰险，不畏人言非议。

心有定见

人心做主不定，正如一个翻车，流转动摇，无须臾停。所感万端，若不做一个主，怎生奈何！张天祺昔尝言自约数年，自上着床，便不得思量事。不思量事后，须强把他这心来制缚。亦须寄寓在一个形象，皆非自然。君实自谓吾得术矣，只管念个“中”字，此又为“中”所系缚。且“中”亦何形象？有人胸中常若有两人焉，欲为善，如有恶以为之间；欲为不善，又若有羞恶之心者。本无二人，此正交战之验也。持其志使气不能乱，此大可验。要之，圣贤必不害心疾。（《近思录》）

主见就像人生的北极星，它让你的世界永远不会陷入一片迷茫。

怨天尤人不若反躬责己

君子之遇艰阻，必自省于身，有失而致之乎？有所未善则改之，无歉于心则加勉，乃自修其德也。（《近思录》）

反省与自责，意味着命运仍然掌握在自己的手中——改变自己便能改变命运；怨天尤人则已经承认自己的无能，而将命运的决定权交与他人或者神祇。

人生的穷达

汉策贤良，犹是人举之。如公孙弘者，犹强起之乃就对。至如后世贤良，乃自求举尔。若果有曰：我心只望廷对，欲直言天下事。则亦可尚矣。若志在富贵，则得志便骄纵，失志则便放旷与悲愁而已。（《近思录》）

出仕为官，如果为的是兼济天下，当如汉武帝时代的布衣宰相公孙弘，七十之年举辟为官，仍能守正不阿，求仁得仁；如果升官只是为了发财，得之则喜，失之则怨，则乌纱便是压得人窒息的负担，又有何成就可言？

面对人生的逆境

君子当困穷之时，既尽其防虑之道而不得免，则命也，当推致其命以遂其志。知命之当然也，则穷塞祸患，不以动其心，行吾义而已。苟不知命，则恐惧于险难，陨获于穷厄，所守亡矣，安能遂其为善之志乎？（《近思录》）

失意与困境是人生无法避免的事情，倘若面前的挫折与磨难不是凭借我们的智慧可以避免的，那何妨将它视为上天对我们的考验呢？《孟子》说："天将降大任于斯人也，必先苦其心志，劳其筋骨，饿其体肤，空乏其身。"乐天知命，笑对风雨，不也是人生的一种潇洒吗？

苦难与机遇

问："'上帝降衷于民。''天将降大任于人。''天佑民，作之君。''天生物，因其才而笃。''作善，降百祥；作不善，降百殃。''天将降非常之祸于此世，必预出非常之人以拟之。'凡此等类，是苍苍在上者真有主宰如是邪？抑天无心，只是推原其理如此？"曰："此三段只一意。这个也只是理如此。气运从来一盛了又一衰，一衰了又一盛，只管恁地循环去，无有衰而不盛者。所以降非常之祸于世，定是生出非常之人。邵尧夫经世吟云：'义轩尧舜，汤武桓文，皇王帝霸，父子君臣。四者之道，理限于秦，降及两汉，又历三分。东西俶扰，南北纷纭，五胡、十姓，天纪几棼。非唐不济，非宋不存，千世万世，中原有人！'盖一治必又一乱，一乱必又一治。夷狄只是夷狄，须是还他中原。"（《朱子语类》）

苦难之于人生，是一种考验，也是一种财富。春秋霸主之一的晋文公重耳，自四十三岁出亡流浪，历经十九年的漂泊与艰辛，六十二岁方才回国即位。时有楚王评之曰：“晋侯亡在外十九年，困日久矣。……天之所开，不可当。”只有经历过风浪的人生，才能无惧无畏，笑看风云。

先难后易

常先难而后易，不然，则难将至矣。如乐毅用事，始常惧难，乃心谨畏，不敢忽易，故战则虽大国坚城，无有不破者。及至胜，则自骄，胆大而恃兵强，因去攻二城，亦攻不下。（《朱子语类》）

常言道：万事开头难。筚路蓝缕的艰难，培养出的是面对困难的谨慎与谦逊；反之，诸事顺遂则容易助长内心的骄傲与狂妄。谨慎是成功的前兆，而狂妄是愚蠢的表征。

成功需要等待

君子之需时也，安静自守。志虽有须，而恬然若将终身焉，乃能用常也。虽不进而志动者，不能安其常也。（《近思录》）

古人常言“谋事在人，成事在天”。对于英雄豪杰而言，成就一番事业，往往需要等待机遇的到来。在这漫长的等待当中，只有保持恬淡平和的心态，才能最终成就大业。

有耐心的人生更加从容

择之劳先生人事之繁。答曰："大凡事，只得耐烦做将去。才起厌心，便不得。"（《朱子语类》）

先生见一学者忙迫，问其故，曰："欲了几处人事。"曰："某非不欲周旋人事者，曷尝似贤急迫？"（《近思录》）

曾经，有个年轻的农夫在树下等待与情人约会。因为性急，来得太早，他无心观赏明媚的阳光、迷人的春色和鲜艳的花朵，一头躺倒在大树下长吁短叹。

忽然他面前出现了一个侏儒。"我知道你为什么闷闷不乐。"侏儒说，"拿着这纽扣，把它缝在衣服上。你要遇着不得不等待的时候，只需将这纽扣向右一转，你就能跳过时间，要多远有多远。"

农夫握着纽扣，试着一转：啊，情人已出现在眼前，还朝他笑送秋波呢！真棒啊，他心里想，要是现在就举行婚礼，那就更棒了。他又转了一下：隆重的婚礼，丰盛的酒席，他和妻子并肩而坐，周围管乐齐鸣，悠扬动人。他抬起头，盯着妻子的双眸，又想，现在要只有我俩该多好！他悄悄转了一下纽扣：立刻夜阑人静……他心中的愿望层出不穷：我们应该有座房子。他转动着纽扣：房子一下子飞到他眼前，宽敞明亮，等待主人入住。我们还缺几个孩子。他又迫不及待地使劲转了一下纽扣：日月如梭，顿时已儿女成群。他站在窗前，眺望葡萄园，真遗憾，它尚未果实累累……偷转纽扣，飞越时间……生命就这样从他身边急驶而过。还没有来得及思索后果，他已老态龙钟，衰卧病榻。至此，他再也没有要为之转动纽扣的事了。

回首往日，他不胜追悔自己的性急失算。眼下，生命已风烛残年，他才醒悟：即使等待，在生活中亦有意义。他多么想将时间往回转一点啊！他握着纽扣，浑身颤抖，试着向左一转，扣子猛地一动，他从梦中醒来，睁开眼，见自己还在那郁郁葱葱的树下等着可爱的情人。只是现在他已学会了耐心等待。

做梦的权利

学者大不宜志小气轻。志小则易足，易足则无由进。气轻则以未知为已知，未学为已学。（《经学理窟·学大原》）

据说诸葛亮年轻的时候躬耕于南阳，和朋友们一起论学。诸葛亮对朋友们说："你们如果出仕为官，至少也可以做到一个郡守。"朋友们反问："那你呢？"诸葛亮笑而不答。其实，这个二十出头的青年人心中早已有雄心壮志，常以管仲乐毅自比。管仲是春秋名相，辅佐桓公九合诸侯，一匡天下；乐毅是战国名将，辅佐燕王击败强齐，一雪国耻。虽然当时的人并不相信这个年轻人的雄心壮志，但陈胜说过："燕雀焉知鸿鹄之志哉！"

梦想不是轻易可以实现的，但放弃做梦的权利，也就注定了庸庸碌碌的一生。

人生的奋斗从固志开始

> 学者先务，固在心志。然有谓欲屏去闻见知思，则是"绝圣弃智"；有欲屏去思虑，患其纷乱，则须坐禅入定。如明鉴在此，万物毕照，是鉴之常，难为使之不照。人心不能不交感万物，难为使之不思虑。若欲免此，惟是心有主。如何为主？敬而已矣。有主则虚，虚谓邪不能入。无主则实，实谓物来夺之。（《近思录》）

人生是一场漫长而艰苦的马拉松，没有冲线的渴望和不懈的斗志，终点只会离你越来越远。

找麻烦的人才有可能成功，找借口永远没戏

有言贫困不得专意问学者。曰："不干事。世间岂有无事底人？但十二时看那个时闲，一时闲便做一时工夫，一刻闲便做一刻工夫。积累久，自然别。"或又以离远师席，不见解注为说。曰："且如某之读书，那曾得师友专守在里？初又曷尝有许多文字？也只自着力耳。"或曰："先生高明，某何敢望？"曰："如此则全未知自责。'尧舜与人同耳'，曷尝有异！某尝谓，此皆是自恕之语，最为病痛！"（《朱子语类》）

成功，其实只是不懈的积累与见贤思齐的执着。

聪明总被聪明误

大抵为学虽有聪明之资，必须做迟钝工夫，始得。既是迟钝之资，却做聪明底样工夫，如何得！（《朱子语类》）

被许多人称誉为20世纪最博学的中国学者钱锺书先生，据说青年时期便有绝人之资，到今天，坊间还流传着不少关于他天赋异禀的传闻。但是很少有人注意到，这位学富五车的大学者，对于学问的刻苦与执着是常人难以企及的。

据说当年在英国留学时，为了能最大限度地阅读大英图书馆中的珍本书籍，钱先生每天晚上都要在图书馆中用功到很晚，以至于落下一生的痼疾，每晚到了一定的时间便会头疼发作，除了静坐养神之外，什么事情都做不了。

黄侃说，所谓少年天才，其实不过是这两样：一是起步的时间较别人早，二是少走弯路。不勤加努力，徒恃天才，终将聪明反被聪明误。

时间都去哪儿了

今人做工夫，不肯便下手，皆是要等待。如今日早间有事，午间无事，则午间便可下手；午间有事，晚间便可下手，却须要待明日。今月若尚有数日，必直待后月，今年尚有数月，不做工夫，必曰：今年岁月无几，直须来年。如此，何缘长进！因康叔临问致知，先生曰："如此说得，不济事。"（《朱子语类》）

或有来省先生者。曰："别后读何书？"曰："虽不敢废学，然家间事亦多，难得全功。"曰："觉得公今未有个地头在，光阴可惜！不知不觉，便是三五年。如今又去赴官，官所事尤多，益难得余力。人生能得几个三五年？须是自强。若寻得个僻静寺院，做一两年工夫，须寻得个地头，可以自上做将去。若似此悠悠，如何得进！"（《朱子语类》）

拖延症或许是今日职场上拼搏的人们最常见的病症之一了。许多人都是在这拖拖拉拉的节奏中煎熬、懊悔，想要振作，却总觉力不从心。其实，你所需要的只是迈出小小的一步：想想在冬天的早晨，你是如何赖床不起，但只要你坐起来的那一刻，你就立刻有了拿起衣服赶紧穿好的冲动。

在每一件事上都快人一步的人，他的人生将会比别人快出许多！

纸上谈兵

赵昌父相见，因论兵事。先生曰："兵以用而见其强弱，将以用而见其能否。且如本朝诸公游陕西者，多知边事，此亦是用兵之故。今日诸生坐于屋下，何以知其能？纵有韩白复生，亦何由辨之？"（《朱子语类》）

中国人的传统，常常推崇纸上谈兵的"清流"。在维新变法运动103天的变法实践中，康、梁以朝廷的名义颁布超过240条改革措施，当时西方的主流媒体曾经评论，这些改革措施要被积弱不振的中国社会彻底消化，没有三十年的时间根本无法完成，遑论只有三月。

后来的许多人为康、梁的失败惋惜和遗憾。却不知，有理想而无蓝图、有政见而无手腕，清流或许只是纸上谈兵的清流罢了。

革新不是折腾

或言："太祖受命，尽除五代弊法，用能易乱为治。"曰："不然。只是去其甚者，其他法令条目多仍其旧。大凡做事底人，多是先其大纲，其他节目可因则因，此方是英雄手段。如王介甫大纲都不曾理会，却纤悉于细微之间，所以弊也。"（《朱子语类》）

革故鼎新，并非良莠不分的野蛮破坏；因人成事，也需要鉴别与选择的智慧。

谨慎成就事业

古之名将能立功名者，皆是谨重周密，乃能有成。如吴汉、朱然终日钦钦，常如对陈。须学这样底，方可。如刘琨恃才傲物，骄恣奢侈，卒至父母妻子皆为人所屠。今人率以才自负，自待以英雄，以至恃气傲物，不能谨严。以此临事，卒至于败而已。要做大功名底人，越要谨密，未闻粗鲁阔略而能有成者。（《朱子语类》）

谨慎使人冷静而沉着，骄纵使人浮躁而轻率。谨慎者常常成功，而骄纵者必自取破败。

只有风呼啸而过

大凡人心不可二用，用于一事，则他事更不能入者，事为之主也。事为之主，尚无思虑纷扰之患。若主于敬，又焉有此患乎？所谓敬者，主一之谓敬。所谓一者，无适之谓一。且欲涵泳主一之义，不一则二三矣。至于不敢欺，不敢慢，“尚不愧于屋漏”，皆是敬之事也。（《近思录》）

尔冬升曾经拍过一部描写赛车手的电影。徐锦江饰演的退役车手，在讲到自己曾经的赛车经历时说：“（极速的时候）我只觉得世界一片安宁，只有风在我的耳边呼啸而过。”终极的快感往往只出现在专注的视野当中，当你一心沉醉于某一项事业的时候，或许，你的面前会展现出这样一片他人所看不到的神奇世界。

过程往往比结果更重要

贤者在下，岂可自进以求于君？苟自求之，必无能信用之理。古之人所以必待人君致敬尽礼而后往者，非欲自为尊大。盖其尊德乐道之心不如是，不足与有为也。

（《近思录》）

战国时在秦国主持变法并大获成功的卫鞅，被秦王封为商君。一次，他的朋友赵良来拜访，商鞅得意地请赵良将自己与辅佐秦穆公成就五霸之业的秦国重臣百里奚做个比较。赵良说："百里奚本是偏僻楚国的乡下人。听说秦穆公贤明，就想去当面拜见，却没有路费，于是把自己卖给秦人，穿着粗布短衣给人家喂牛。整整过了一年，穆公才知道了这件事，并把他从牛嘴下面提拔起来，凌驾于万人之上。如此贤能之人，君王礼敬于他，而秦人没有谁不满意。可如今您得以觐见秦王，却是依靠秦王宠臣景监去走后门，这当然说不上什么名声了。"

君子最当重视的便是进退之节，穷达不仅仅关乎一个结果，更重要的是你选择了一条什么样的道路。

无功不受禄

世禄之荣，王者所以录有功、尊有德，爱之、厚之，示恩遇之不穷也。为人后者，所宜乐职劝功，以服勤事任，长廉远利，以似述世风。而近代公卿子孙，方且下比布衣，工声病，售有司。不知求仕非义，而反羞循理为无能；不知荫袭为荣，而反以虚名为善继。诚何心哉！（《近思录》）

管理学大师彼得·德鲁克常说，当你抱怨在团队当中没有获得更高的地位时，请先想一想在目前的位置上你对团队作出了什么样的贡献。

功名富贵，人所同欲。但功名不仅意味着世禄，还有兼济天下的责任与道义。

怎样看待人生的得失

问："家贫亲老，应举求仕，不免有得失之累，何修可以免此？"伊川先生曰："此只是志不胜气。若志胜，自无此累。家贫亲老，须用禄仕，然'得之不得为有命'。"

曰："在己固可，为亲奈何？"曰："为己为亲，也只是一事。若不得，其如命何？孔子曰：'不知命，无以为君子。'人苟不知命，见患难必避，遇得丧必动，见利必趋，其何以为君子！"（《近思录》）

人生总有许多的不得已。都说君子言义不言利，可是面对着日渐衰老的双亲，面对着辛勤持家的妻子，面对着嗷嗷待哺的孩子，即便是心如止水的陶渊明也不能不为之心痛感叹。然君子爱财，取之有道，富贵虽好，不以义得之，不处也。

得意不可忘形

圣人为戒，必于方盛之时。方其盛而不知戒，故狃安富则骄侈生，乐舒肆则纲纪坏，忘祸乱则衅孽萌，是以浸淫不知乱之至也。（《近思录》）

有这么一个故事：有一天早晨，荷池里的鱼儿一打挺，溅起水花落在荷叶上。一颗颗水珠在荷叶上滚动，好看极了。有一个孩子欢快地说：“你们快看哟！那荷叶托着的水珠，多美啊！简直像一粒粒珍珠啊！”

水珠听了，得意忘形，它看着自己，仿佛看见自己真的变成了一粒珍珠。它对荷叶说：“看看，由于我的存在，才使你光芒四射。人们到这里，不都是来看我的吗？”荷叶微笑不语。

太阳升高了，水珠被蒸发了，荷叶上只留下一块块泥印。

第二章

处世篇——刚柔并济、方圆兼备的交际艺术

说起理学，说起理学家，许多人的脑海中或许会情不自禁地冒出一个正襟危坐、不苟言笑的刻板书生形象。就像《红楼梦》中的贾政，一人出场，万人噤声。

像贾政这样一个普普通通的理学官员尚且如此，更何况是被尊为圣贤师表的朱熹呢？偶像，从来就是高贵而让人仰视的，因为距离感才能造就他的神性！

但当你读过朱熹的著作，你对这位理学大师的傲慢与偏见便会轰然崩塌。原来真实的朱熹，就像一块温润的美玉。在朱子的交往艺术当中，你所能看到的，是待人的真诚与包容，是责己的严格与自律，哪怕是分道扬镳的无奈，也饱含着“君子绝交，不出恶言”的谦谦风度……

顺其自然，润物无形

问："程子谓：'天地无心而成化，圣人有心而无为。'"曰："这是说天地无心处。且如'四时行，百物生'，天地何所容心？至于圣人，则顺理而已，复何为哉！所以明道云：'天地之常，以其心普万物而无心；圣人之常，以其情顺万事而无情。'说得最好。"（《朱子语类》）

一个孩子想要将一把细沙紧紧地攥在手里，生怕它会从指缝中溜走。可是当他的手握得越紧，细沙便从指间流失得越快。世间万事，或许都脱不了一个"情"字。但是用"情"太甚，便成贪欲。杜甫有诗云："随风潜入夜，润物细无声。"顺其自然，润物无形，才是人生的从容之态。

人生的识量

问："人于议论多欲直己，无含容之气，是气不平否？"曰："固是气不平，亦是量狭。人量随识长，亦有人识高而量不长者，是识实未至也。大凡别事，人都强得，惟识量不可强。今人有斗筲之量，有釜斛之量，有钟鼎之量，有江河之量。江河之量亦大矣，然有涯，有涯亦有时而满。惟天地之量则无满。故圣人者，天地之量也。圣人之量，道也。常人之有量者，天资也。天资有量须有限。大抵六尺之躯，力量只如此。虽欲不满，不可得也。如邓艾，位三公，年七十，处得甚好，及因下蜀有功，便动了。谢安闻谢玄破苻坚，对客围棋，报至不喜，及归，折屐齿，强终不得也。更如人大醉后益恭谨者，只益恭谨，便是动了。虽与放肆者不同，其为酒所动一也。又如贵公子，位益高，益卑谦，只益卑谦，便是动了。虽与骄傲者不同，其为位所动一也。然惟知道者，量自然宏大，不勉强而成。今人有所见卑下者，无他，亦是识量不足也。"（《近思录》）

乐天知命的人，才有识量；有识量，才能处变不惊，笑看风云。

心中有“鬼”

因说神怪事，曰：“人心平铺着便好，若做弄，便有鬼怪出来。”（《朱子语类》）

看多了鬼怪电影，忽然发现，电影中的鬼怪形象，其实就是把人的样子拧巴着端出来展示给大家看。让人赏心悦目的形象，或许应该是像宋玉在《登徒子好色赋》中所写道的：“增之一分则太长，减之一分则太短；著粉则太白，施朱则太赤。眉如翠羽，肌如白雪，腰如束素，齿如含贝。”最自然的，便是最美的。

人心也是如此，仰无愧于天，俯无怍于人，如此人生，有何鬼怪可说？倘若心怀鬼胎，满腹算计，鬼怪还真是要不请自来的。

人性的偏擅

曰："气相近，如知寒暖，识饥饱，好生恶死，趋利避害，人与物都一般。理不同，如蜂蚁之君臣，只是他义上有一点子明；虎狼之父子，只是他仁上有一点子明；其他更推不去。恰似镜子，其他处都暗了，中间只有一两点子光。大凡物事禀得一边重，便占了其他底。如慈爱底人少断制，断制之人多残忍。盖仁多，便遮了义；义多，便遮了那仁。"（《朱子语类》）

气禀所拘，只通得一路，极多样：或厚于此而薄于彼，或通于彼而塞于此。有人能尽通天下利害而不识义理，或工于百工技艺而不解读书。如虎豹只知父子，蜂蚁只知君臣。惟人亦然，或知孝于亲而薄于他人。如明皇友爱诸弟，长枕大被，终身不变，然而为君则杀其臣，为父则杀其子，为夫则杀其妻，便是有所通，有所蔽。是他性中只通得一路，故于他处皆碍，也是气禀，也是利害昏了。（《朱子语类》）

在这个世界上，没有一种生命的视野，可以做到三百六十度的全景观察。即便是翱翔苍穹、俯瞰大地的苍鹰，也难免有脑后的盲区。正如光、影相生相伴，每个人都有人性的偏擅与弱点，扬长避短，固然是聪明的处世之道；而完善自我，才是毕生修习的功课。

处世的“头脑”

凡看道理，要见得大头脑处分明。下面节节，只是此理散为万殊。如孔子教人，只是逐件逐事说个道理，未尝说出大头脑处。然四面八方合聚凑来，也自见得个大头脑。若孟子，便已指出教人。周子说出太极，已是太煞分明矣。且如恻隐之端，从此推上，则是此心之仁，仁即所谓天德之元，元即太极之阳动。如此节节推上，亦自见得大总脑处。若今看得太极处分明，则必能见得天下许多道理条件皆自此出，事事物物上皆有个道理，元无亏欠也。（《朱子语类》）

或问：“气质之偏，如何救得？”曰：“才说偏了，又着一个物事去救他偏，越见不平正了，越讨头不见。要紧只是看教大底道理分明，偏处自见得。如暗室求物，把火来，便照见。若只管去摸索，费尽心力，只是摸索不见。若见得大底道理分明，有病痛处，也自会变移不自知，不消得费力。”（《朱子语类》）

人生的际遇就像一串散落的铜钱，纷繁复杂。每天面对着不同的人、不同的事，要想从容淡定、应付裕如，就得想办法总结道理，摸索规律，如同找到铜钱的钱串。

品藻人物

品藻人物，须先看他大规模，然后看他好处与不好处，好处多与少，不好处多与少。又看某长某短，某有某无，所长所有底是紧要与不紧要，所短所无底是紧要与不紧要。如此互将来品藻，方定得他分数优劣。（《朱子语类》）

品鉴人物，是一件需要高度的智慧与眼光的事情。春秋名相管仲曾经这样回忆向齐桓公举荐自己的朋友鲍叔牙时的说辞：

“我当初不得志的时候，曾经和鲍叔一起经商，分财利时自己常常多拿一些，但鲍叔并不认为我贪财，知道我是由于生活贫困的缘故。我曾经为鲍叔办事，结果使他更加困窘，但鲍叔并不认为我愚笨，知道这是由于时机有利和不利。我曾经多次做官，多次都被君主免职，但鲍叔并不认为我没有才干，知道我是由于没有遇到好时机。我曾多次作战，多次都战败逃跑，但鲍叔并不认为我胆小，知道这是由于我还有老母的缘故。公子纠失败，召忽为他而死，我被囚禁起来受屈辱，但鲍叔并不认为我不知羞耻，知道这是由于我不拘泥于小节，不以此事为羞耻，而以功名不显扬于天下为羞耻。生我的是父母，但了解我的却是鲍叔啊！”

所谓知人，所谓善任，虽然颇多讲究，但归结起来，其实也就是八个字：大节不亏，细节不问。

隐恶扬善

问："前日承教辨是非，只交游中便有是有非，自家须分别得，且不须诵言。这莫是只说寻常泛交？若朋友，则有责善琢磨之义。"曰："固是。若是等闲人，亦自不可说。只自家胸次，便要得是非分明，事事物物上，都有个道理，都有是有非。所以'舜好问，而好察迩言'。虽浅近闲言语中，莫不有理，都要见得破。'隐恶而扬善'，自家这里善恶便分明。然以圣明昭鉴，才见人不好，便说出来，也不得。只是扬善，那恶底自有不得掩之理。才说扬善，自家已自分明，这亦圣人与人为善之意。"（《朱子语类》）

隐恶扬善，并非文过饰非，因为宣扬别人身上的一丝美善，也便给予他一次省悟自身缺失的机会。

是非都在细节里

一件事走过眼前，匹虽似闲，也有个道理，也有个是非。缘天地之间，上蟠下际，都无别事，都只是这道理。（《朱子语类》）

明代大儒宋濂，少年好学。有一次他要去远方向一位著名学者请教，并约好见面日期。谁知出发那天下起鹅毛大雪。当宋濂挑起行李准备上路时，母亲惊讶地说："这样的天气怎能出远门呀？再说，老师那里早已大雪封山了。你这一件旧棉袄，也抵御不住深山的严寒啊！"宋濂说："现在不出发就会误了拜师的日子，而失约就是对老师最大的不尊重啊！风雪再大，我都得上路。"当老师看到这个学生不顾风雪最终来到自己面前的时候，极力称赞他将来必成大器。

人生常常就是在这样的小细节上，见出了大是大非的分晓。

节操的重要性

寒士之妻，弱国之臣，各安其正而已。苟择势而从，则恶之大者，不容于世矣。（《近思录》）

三国名将文聘，本来是荆州牧刘表麾下的一员战将，为刘表镇守江夏。刘表去世之后，曹操南征荆州，刘表之子刘琮举州投降，可文聘却迟迟没有前往襄阳参拜曹操。等曹操与文聘见面的时候，不满地问道："将军怎么来得这么晚呢？"文聘回答："镇南将军（刘表）生前把他的遗孤（刘琮）托付给我，我不能辅佐他保全荆州全境，心中惭愧。只能兢兢业业地替他守住江夏一地，这样，对死去的主公和他托付给我的遗孤也算有个交代，我哪有脸面急急地来向您投诚呢？"曹操闻言，肃然起敬，即时任命文聘续任江夏太守之职。

一个真正的君子，进退有节，守己不辱，惟其如此，才能获得别人的尊重与敬意。

从善如流

"舍己从人"，最为难事。己者，我之所有，虽痛舍之，犹惧守己者固，而从人者轻也。（《近思录》）

人之所以固执，是为了证明自己比别人更高明；人之所以能纳谏，是因为他真的比别人更高明。

倾听是一种柔软的力量

刘安礼云：王荆公执政，议法改令，言者攻之甚力。明道先生尝被旨赴中堂议事，荆公方怒言者，厉色待之。先生徐曰："天下之事，非一家私议，愿公平气以听。"荆公为之愧屈。（《近思录》）

倾听是一种柔软的力量，放下自己，你就拥抱了整个世界。

面对批评

凡为人子弟，须是常低声下气，语言详缓，不可高言喧闹，浮言戏笑。父兄长上有所教督，但当低首听受，不可妄大议论。长上检责，或有过误，不可便自分解，姑且隐默。久，却徐徐细意条陈云，此事恐是如此，向者当是偶尔遗忘。或曰，当是偶尔思省未至。若尔，则无伤忤，事理自明。至于朋友分上，亦当如此。（《童蒙须知》）

面对批评，就像触碰到火焰的手会自动缩回，我们都会本能地自卫与反击。但请将你的反击暂且按捺一分钟……如果别人批评得对，于我有益，我为何不改？如果别人批评得不对，于我无伤，我又何须置辩呢？

克制心魔，你才能看见一个真正的世界

人心所从，多所亲爱者也。常人之情，爱之则见其是，恶之则见其非。故妻孥之言，虽失而多从。所憎之言，虽善为恶也。苟以亲爱而随之，则是私情所与，岂合正理？（《近思录》）

汉高祖刘邦登基之后，以为天下晏安，从此高枕无忧了。有一天他登上宫阙眺望，见到许多大臣坐在旷地上窃窃私语，刘邦回身问张良道："他们都说什么呢？"张良回答："密谋造反呢！"刘邦非常诧异："天下初定，正是和衷共济之时，为什么要造反？"张良回答："因为大家看到陛下升迁封赏的都是和自己关系好的人，而得罪过您的人都挨了整，所以人人自危。"刘邦问："那为之奈何？"张良道："谁和陛下的关系最坏呢？"刘邦说："雍齿！他总是当众顶撞我，我早想收拾他了。"张良说："赶紧先封赏雍齿，以安众心！"于是刘邦下旨封雍齿为侯。许多人听到这个消息都回心转意道："雍齿都封侯了，我

们这些人再无忧虑了！”

人情固有好恶，但为情所蔽，一意孤行，则终将为情所噬。克制心魔，你才能看见一个真实的世界。

独见之明

看文字，却是索居独处好用工夫，方精专，看得透彻，未须便与朋友商量。某往年在同安日，因差出体究公事处，夜寒不能寐，因看得子夏论学一段分明。后官满，在郡中等批书，已遣行李，无文字看，于馆人处借得《孟子》一册熟读，方晓得“养气”一章语脉。当时亦不暇写出，只逐段以纸签签之云，此是如此说。签了，便看得更分明。后来其间虽有修改，不过是转换处，大意不出当时所见。如谩人底议论，某少年亦会说，只是终不安，直到寻个悫实处方已。（《朱子语类》）

常在街边的棋摊儿上看到这样的棋手：踌躇之际，每有好事者从旁支招，一次、两次、三次以至于多次之后，他每动一子前都要转身向支招者征求意见，眼前的棋局，成了众人嘴里的故事。

人生这盘棋，需要的是你发自内心的独见之明。

上上下下的道理

凡人为上则易，为下则难。然不能为下，亦未能使下，不尽其情伪也。大抵使人，常在其前，己尝为之，则能使人。（《近思录》）

不是每个懂得下属甘苦的人都能成为一个称职的领导者，但一个称职的领导者必然懂得下属的甘苦。

君子思不出其位

“君子思不出其位。”位者，所处之分也。万事各有其所，得其所则止而安。若当行而止，当速而久，或过或不及，皆出其位也，况逾分非据乎？（《近思录》）

得体二字，实在是中国君子人生哲学的精髓，也是每个人一辈子的修行与功课。

温柔的艺术

人之有朋友，不为燕安，所以辅佐其仁。今之朋友，择其善柔以相与，拍肩执袂以为气合。一言不合，怒气相加。朋友之际，欲其相下不倦。故于朋友之间主其敬者，日相亲与，得效最速。仲尼尝曰：“吾见其居于位也，与先生并行也，非求益者，欲速成者。”则学者先须温柔，温柔则可以进学。《诗》曰：“温温恭人，惟德之基。”盖其所益之多。（《近思录》）

朋友总是因为相互欣赏而走到一起。既然相互欣赏，何妨谦虚相让。多给对方一些倾听与理解，多给自己一些约束与自律，如此交友方能愉悦身心，进学进德。

规劝的艺术

责善之道，要使诚有余而言不足，则于人有益，而在我者无自辱矣。（《近思录》）

凡闻人所为不善，下至婢仆违过，宜且包藏，不应便尔声言。当相告语，使其知改。（《童蒙须知》）

门人有曰："吾与人居，视其有过而不告，则于心有所不安。告之而人不受，则奈何？"曰："与之处而不告其过，非忠也。要使诚意之交通，在于未言之前，则言出而人信矣。"（《近思录》）

汉武帝时的一位大臣名叫汲黯，在朝廷里是出了名的直言之人。有一次皇帝和群臣讨论如何提升国家的道德水平，让社会重新回到尧舜之世的美好状态。武帝说了一大堆"我想要""我想要"，汲黯忍不住接口道："陛下有这么多想要，这么多无法满足的欲望，却还要用仁义的幌子来包装自己，靠这样的方法回到尧舜之世，不是很可笑吗？”一言既出，惹得武帝龙颜震怒，拂袖而去。

善于劝谏的人，只是恰到好处地让对方明白自己的过失，而不会一味喋喋不休地数落。

面对朋友的过失，沉默是包庇与放纵，正言指出是责任与道义——然面折廷争，是鲁莽与粗暴；委婉含蓄，是机敏与智慧。

绝交的艺术

问："与朋友交，后知其不善，欲绝，则伤恩；不与之绝，则又似'匿怨而友其人'。"曰："此非匿怨之谓也。心有怨于人，而外与之交，则为匿怨。若朋友之不善，情意自是当疏，但疏之以渐。若无大故，则不必峻绝之，所谓'亲者毋失其为亲，故者毋失其为故'者也。"（《朱子语类》）

割袍断义、绝席而坐，这或许是中国古代与朋友绝交最有名的方式了。但是，割袍断义，为大义即可，为小节则不必。

晚清最有名的朋友绝交案或许便是同出湖南的曾国藩与左宗棠了。曾、左二人本来是志同道合的朋友，但左宗棠刚肠嫉恶、凡事较真的个性着实令人难以亲近。在曾国藩领导的湘军攻破太平天国首都天京以后，曾国藩向朝廷上疏，报称天王洪秀全和幼天王皆死于乱军之中。但左宗棠却不顾朋友的情面，向朝廷指出，曾氏的情报严重失实，幼天王不仅突围而出，而且还有许多拥护者追随着他。

在清廷下旨严责曾国藩之后，曾、左两人绝交，长达十余年不通音讯。直到曾国藩去世，左宗棠才送来一副挽联：“知人之明，谋国之忠，自愧不如元辅；同心若金，攻错若石，相期无负平生。”

人生难得知心的朋友，多为别人留一点余地，或许尘封的友情，有一日会再度复活。

第二章

修养篇——求仁得仁的修身之道

叔本华曾经说过，人生对于欲望的追逐，就像在一条环形的跑道上不停奔跑，欲望在前方的时候，人生的痛苦来源于欲望得不到满足的饥渴；而一旦欲望达成，人生的痛苦旋即转变为欲望满足之后的空虚。如果生命的轨迹不能在智慧的引领下跳出这条环形跑道，那么人生将成为饥渴与空虚的痛苦死循环。

在朱熹的世界当中，对欲望的约束是人生修为最重要的课题。朱熹曾说，温饱是人类的合理需求，但美食则是奢侈的欲望。因为人对于美食的追求无穷无尽，欲望的沟壑永远也不可能填满。以一颗平常的心去面对世界、面对人生，或许，我们的饥渴与空虚都将慢慢稀释……

道理与眼界

问：“‘顾諟天之明命’，毕竟是个甚么？”曰：“只是说见得道理在面前，不被物事遮障了。‘立则见其参于前，在舆则见其倚于衡’，皆是见得理如此，不成是有一块物事光辉辉地在那里。”（《朱子语类》）

道理并非一枝生长于幽谷的兰花，等待着我们披荆斩棘之后的采摘。道理只是眼界的磨砺，眼睛看清了道路，人生就不会有所偏差。

至德与至道

至德、至道：道者，人之所共由；德者，己之所独得。盛德、至善：盛德以身之所得而言，至善以理之极致而言。诚、忠、孚、信：一心之谓诚，尽己之谓忠，存于中之谓孚，见于事之谓信。（《朱子语类》）

《史记》中记载了这样一个故事：春秋末年，六卿分晋。智氏的首领智伯在韩、赵、魏三家的共谋之下被杀死了。赵氏的首领赵襄子，出于对智伯的仇恨，将他的头颅割下来制成饮器。智伯的门客豫让，为替主人报仇，吞炭为哑、漆身为厉，数次刺杀襄子未果，最终死于乱刀之下。司马迁对侠客们的道义情操，有这样一句评论："言必信，行必果，一诺必诚，虽死不爱其躯。"

道和德是人生的追求，也是人生的境界。活出境界的人生，才是圆满的人生。

人生的“大道理”

今来朋友相聚，都未见得大底道理。还且谩恁地逐段看，还要直截尽理会许多道理，教身上没些子亏欠。若只恁地逐段看，不理会大底道理，依前不济事。这大底道理，如旷阔底基址，须是开垦得这个些，方始架造安排，有顿放处。见得大底道理，方有立脚安顿处。若不见得大底道理，如人无个居着，趁得百十钱归来，也无顿放处；况得明珠至宝，安顿在那里？（《朱子语类》）

人生的大道理，或许是我们日常最厌烦听到的东西。且这些让人厌烦的大道理，常常是大而无当。真正的道理，就像建筑人生的基石，让你有立脚处，让你有安顿处，于是，你也便有了希望与未来。

大处着眼，小处着手

看道理须要就那大处看，便前面开阔。不要就壁角里，地步窄，一步便触，无处去了。而今且要看天理人欲，义利公私，分别得明，将自家日用底与他勘验，须渐渐有见处，前头渐渐开阔。那个大坛场，不去上面做，不去上面行，只管在壁角里，纵理会得一句，只是一句透，道理小了。如《破斧》诗，须看那“周公东征，四国是皇”，见得周公用心始得。（《朱子语类》）

于平常事，胸怀全局，远见智者；于细微处，谦逊谨慎，成大事者。高屋建瓴，却又能在每个细节里砥砺修行，如此才是成功的人生。

悟道的秘诀

自家一身都是许多道理。人人有许多道理，盖自天降衷，万里皆具，仁义礼智，君臣父子兄弟朋友夫妇，自家一身都担在这里。须是理会了，体认教一一周足，略欠缺些子不得。须要缓心，直要理会教尽。须是大作规模，阔开其基，广辟其地，少间到逐处，即看逐处都有顿放处。日用之间，只在这许多道理里面转，吃饭也在上面，上床也在上面，下床也在上面，脱衣服也在上面，更无些子空阙处。尧舜禹汤也只是这道理。如人刺绣花草，不要看他绣得好，须看他下针处；如人写字好，不要看他写得好，只看他把笔处。（《朱子语类》）

悟道，除了知其然，更需知其所以然。

操存与悟道

安卿问："前日先生与廖子晦书云：'道不是有一个物事闪闪烁烁在那里。'固是如此。但所谓'操则存，舍则忘'，毕竟也须有个物事。"曰："操存只是教你收敛，教那心莫胡思乱想，几曾捉定有一个物事在里！"（《朱子语类》）

悟道之于人生，不是掘金获宝似的搜寻与占有，而是克己复礼的修身与自律。

刻意与本能

“我欲仁，斯仁至”；我欲不仁，斯失其仁矣。“回也三月不违仁”，言不违仁，是心有时乎违仁也。“出入无时，莫知其乡。”存养主一，使之不失去，乃善。（《朱子语类》）

孔子曾经评价自己的学生颜回说“回也三月不违仁”，只有颜回能够长期遵守仁德的观念，而其他的弟子不过是偶然想起这件事情罢了。

但朱熹说，当你的心里刻意想着不要违背仁德的时候，其实意味着你已经有了违背仁德的可能。只有将仁德的观念融入自己的血液，成为与生俱来的本能，才算是求仁得仁。

一念天堂

仁者，天下之公，善之本也。（《近思录》）

战国时候的孟子，曾经与齐国国君齐宣王有这样一段对话：

孟子说："我听胡龁说您坐在大殿上，有个人牵牛从殿下走过。您看见这个人，问道：'牛（牵）到哪里去？'那人回答说：'准备用它来祭钟。'大王您说：'放了它！我不忍看它那副恐惧发抖的样子，就这样没有罪过而走向受刑的地方。'那人问道：'那么，废弃祭钟的仪式吗？'您说：'哪能废呢？用羊来换它吧。'不知道有没有这件事？"

齐宣王说："有这事。"

孟子说："有这样的心就足以行王道以统一天下了。老百姓却都以为是大王吝啬。我知道您确实是出于一种不忍的同情心。"

齐宣王说："是的，百姓的确是这样（对我误解了）。齐国虽然土地狭小，但我至于吝惜一条牛吗？就是不忍看它那副恐惧发抖的样子，毫无罪过却要走向受死的地方，所以用羊去换它。”

孟子说：“你不要对百姓说您吝啬而感到奇怪。以小换大，他们怎么知道其中的意思呢？您如果不忍看它无罪而走向死地，那么，牛和羊又有什么区别呢？”

齐宣王笑着说：“这到底是一种什么想法呢？我也说不清楚，我的确不是吝惜钱财而以羊换掉牛的，但这么看来老百姓说我吝啬是理所应当的了。”

孟子说：“没有关系，您这样做正体现了仁爱之道，原因在于您看到了牛而没看到羊。有道德的人对于飞禽走兽：看见它活着，便不忍心看它死；听到它哀鸣的声音，便不忍心吃它的肉。所以君子才把厨房建得远远的。”

仁心便是那一念之间的不忍，那一闪而过的善念。抓住这一闪念，放大这一闪念，便是此生的修行与功德。

以仁为本

医书言手足痿痹为不仁，此言最善名状。仁者以天地万物为一体，莫非己也。认得为己，何所不至？若不有诸己，自不与己相干。如手足不仁，气已不贯，皆不属己。故博施济众，乃圣之功用。仁至难言，故止曰“己欲立而立人，己欲达而达人。能近取譬，可谓仁之方也已”。欲令如是观仁，可以得仁之体。（《近思录》）

穿破冰冷的寒冬，温暖万物的是阳光；穿破炎凉的世态，温暖人心的是关爱。而关爱最重要的，便是推己达人的仁心。

仁心与秩序

仁者，天下之正理，失正理则无序而不和。（《近思录》）

古典儒家的愿景是通过发掘人心的良知与爱意，来构建社会的和谐与美好。他们把这良知与爱意叫做仁。诚然这世界不能仅仅奠基于仁，可若缺了它，人类迄今的所有努力就都是在流沙上建造通天塔。

仁者大爱

问仁。伊川先生曰："此在诸公自思之。将圣贤所言仁处类聚观之，体认出来。孟子曰：'恻隐之心，仁也。'后人遂以爱为仁。爱自是情，仁自是性，岂可专以爱为仁？孟子言：'恻隐之心，仁之端也。'既曰仁之端，则不可便谓之仁。退之言：'博爱之谓仁。'非也。仁者固博爱，然便以博爱为仁则不可。"（《近思录》）

仁心，是无私而宽容的大爱，而非狭隘与自私的占有。

投奔梁山做什么？

吉甫问：“仁义礼智，立名还有意义否？”曰：“说仁，便有慈爱底意思；说义，便有刚果底意思。声音气象，自然如此。”直卿云：“‘六经’中专言仁者，包四端也；言仁义而不言礼智者，仁包礼，义包智。”（《朱子语类》）

今天的中国致公党，其前身是旧时代最有名的帮会组织洪门致公堂。在每一年的新人入会之际，帮会大哥与新人间要对这么几句切口：

“来做什么？”

“投奔梁山。”

“投奔梁山做什么？”

“求仁求义。”

水泊梁山，忠义千秋，这是中国人血脉当中不可或缺的精神因子。“仁义”何谓？仁义，其实就是爱心与责任、关怀与担当。

仁义的运用

正淳言："性之四端，迭为宾主，然仁智其总统也。'恭而无礼则劳'，是以礼为主也；'君子义以为质'，是以义为主也。盖四德未尝相离，遇事则迭见层出，要在人默而识之。"曰："说得是。"（《朱子语类》）

仁、义、礼、智都是人生中必须遵守的准则和道德规范，但何处讲仁、何时讲义、对何人讲礼、该怎样运用智慧，却是因时而异，因地而异的。

求仁得仁

学者须是求仁。所谓求仁者，不放此心。圣人亦只教人求仁。盖仁义礼智四者，仁足以包之。若是存得仁，自然头头做着，不用逐事安排。故曰：“苟志于仁矣，无恶也。”今看《大学》，亦要识此意，所谓“顾諟天之明命”，“无他，求其放心而已”。（《朱子语类》）

戊戌六君子之一的谭嗣同，在维新变法失败之后，曾经对劝他出走的梁启超说过这样一段话：“不有行者，无以图将来；不有死者，无以酬圣主。……闻各国变法，无不从流血而成。今中国未闻有为变法流血者，此国之所以不昌也。有之，請自嗣同始。”

在谭嗣同短短三十四年的人生中，最重要的著作便是一部《仁学》，求仁得仁、良心无违，便是最令人钦佩的君子之行。

从义而动

"义"字如一横剑相似，凡事物到前，便两分去。"君子义以为质"，"义以为上"，"义不食也"，"义弗乘也"，"精义入神，以致用也"：是此义十分精熟，用便见也。（《朱子语类》）

"义"之一字究竟何解？"义者，宜也。"所谓义，就是知道什么事情该做，什么事情不该做；怎样做得体，怎样做不得体。读书修行，不过学一个是非。是非之念牢记于心，便是辅义而行。

人生的取舍

昔曾经伤于虎者，他人语虎，则虽三尺童子，皆知虎之可畏，终不似曾经伤者，神色慑惧，至诚畏之，是实见得也。得之于心，是谓有德，不待勉强；然学者则须勉强。古人有捐躯陨命者，若不实见得，则乌能如此？须是实见得生不重于义，生不安于死也。故有杀身成仁，只是成就一个是而已。（《近思录》）

世人皆求趋利避害，君子却求杀身成仁。换句话说，是非面前须决绝。过不了这一关，人生就只能是一只纸鸢，把命运交给吹来吹去的风了。

实实在在的道德

> 人苟有“朝闻道，夕死可矣”之志，则不肯一日安于所不安也；何止一日，须臾不能。如曾子易箦，须要如此乃安。人不能若此者，只为不见实理。实理者，实见得是，实见得非。凡实理得之于心自别，若耳闻口道者，心实不见，若见得，必不肯安于所不安。人之一身，尽有所不肯为，及至他事又不然。若士者，虽杀之使为穿窬，必不为，其他事未必然。至如执卷者，莫不知说礼义。又如王公大人，皆能言轩冕外物，及其临利害，则不知就义理，却就富贵。如此者，只是说得，不实见。及其蹈水火，则人皆避之，是实见得。须是有“见不善如探汤”之心，则自然别。（《近思录》）

孔子曾经感叹说，没有见到过像爱好美色那样爱好德行的人。对美色的欲望，无疑是人性的本能，但其实，对美德的追求，也是隐藏在我们心底的渴望，可惜只有少数人能够经由学问的磨砺将它激发出来并时时奉行。

圣贤的境界有多高？

孟子辨舜、跖之分，只在义利之间。言间者，谓相去不甚远，所争毫末尔。义与利，只是个公与私也。才出义，便以利言也。只那计较，便是为有利害。若无利害，何用计较？利害者，天下之常情也，人皆知趋利而避害。圣人则更不论利害，惟看义当为不当为，便是命在其中也。（《近思录》）

尧舜与盗跖的区别，只在心中存有公义还是私利。

义利之辩

曰："学者做切己工夫，要得不差，先须辨义利所在。如思一事，非特财利、利欲，只每处求自家安利处便是，推此便不可入尧舜之道。切须勤勤提省，察之于纤微毫忽之间，不得放过。如此，便不会错用工夫。"（《朱子语类》）

李斯年轻时做过掌管文书的小吏。有一次，他如厕之际，见茅房里的老鼠被自己吓得惊慌失措，想起自己清贫的境遇，不禁感叹："那粮仓里的耗子，每日悠游安逸，饱食终日；而这茅房中的耗子，忍饥挨饿之余还要受到人类的惊吓。看来人生的幸福与苦难，关键在所处的环境。"就在那一次之后，李斯决定跟随荀子学习"帝王之术"。学成之后，他想要前往秦国寻找荣华富贵，临行前他对老师说："我觉得人活着最大的痛苦就是没权，而人生最大的悲剧就是没钱。"

几十年之后，他已贵为秦朝丞相。始皇驾崩，李斯因为贪婪于胡亥和赵高许给自己的高官厚禄，与二人合力，谋害了贤能的皇位接班人公子扶苏。但小人以利苟合难得善果，李斯最终被赵高设罪陷害，临斩之际，李斯对自己的儿子说："今天，我想同你再牵着猎狗，走出家乡上蔡的东门去打打猎，可惜，这已是奢侈的愿望了！"

富贵之于人生，不过一场浮梦。放弃了此心安处去追求这人生的浮梦，只怕最后会是一场虚空。

天理与人欲

问："饮食之间，孰为天理，孰为人欲？"曰："饮食者，天理也；要求美味，人欲也。"（《朱子语类》）

商朝有位贤者名叫箕子，是殷纣王的叔父。有天，箕子看到纣王吃饭用象牙筷子，忧心忡忡。朋友见状问道："只不过是一双象牙筷子，值得你这样寝食难安吗？"

箕子说："你看到的，只是纣王用了一双象牙筷；我看到的，却是纣王将来浮华的生活。你想，当吃饭用象牙筷时，他会用土钵盛饭吗？一定会设法弄来犀牛角或美玉做的碗盘，才能与象牙筷匹配嘛！而精致的犀牛角和美玉做的碗盘，绝不会用来装青菜、萝卜，必定想法子装山珍海味、稀奇肴馔，才会觉得没有辜负那珍贵的餐具。如果吃的都是佳肴美馔，那么，你还寄望他会安于穿着朴素的棉布衣，在茅草屋里用餐吗？他必定会想要穿着绫罗绸缎、锦衣绣袍，住在豪华深宫里享受了。这些都是可以预见的结果，也是我现在担忧恐惧的原因呀。”

果不其然，五年之后，殷纣王真的建了一座美丽的园子，挂满了肉以供随时享用；设了炮烙之刑以虐人为乐；拥有一个用酒糟堆成的山丘、一个特设来装酒的池子，每天流连在酒池肉林中，过着奢华逸乐的日子。没过几年，殷商就灭亡了。

欲望是填不满的沟壑。如果任意放纵，最终只能让自己成为欲望的奴隶。

克己复礼

人只有个天理人欲，此胜则彼退，彼胜则此退，无中立不进退之理。凡人不进便退也。譬如刘项相拒于荥阳成皋间，彼进得一步，则此退一步；此进一步，则彼退一步。初学则要牢扎定脚与他挜，挜得一毫去，则逐旋挜将去。此心莫退，终须有胜时。胜时甚气象！（《朱子语类》）

人生的修行好比逆水行舟，每进一步都充满了艰辛与不易。但倘若不能持之以恒，我们的生命便将随波逐流。

修身之道

将修己，必先厚重以自持。厚重知学，德乃进而不固矣。忠信进德，惟尚友而急贤。欲胜己者亲，无如改过之不吝。（《近思录》）

传说汉高祖刘邦在弥留之际，妻子吕雉曾经询问他身后的政治安排。刘邦说：“周勃厚重少文，将来能够安定刘氏江山的人，恐怕也就是他了吧。”

周勃是什么人呢？此人出身贫寒，年轻时为了养家糊口，就在有钱人家出殡的时候跑跑龙套，当当吹鼓手，后来跟随刘邦起事，因军功卓著而在众人中脱颖而出。周勃为人朴实，很讲原则，不会说漂亮话，每当有夸夸其谈的儒生与他谈话，他总是听不到最后就大声催促：“拣重点，赶紧说！”或许质朴的周勃在群英辈出的西汉，不如张良的深谋远虑，不如陈平的随机应变，但厚重意味着敢于担当，坚持原则。正是这样的性格造就了周勃，他应验了刘邦的预言，成为西汉的定鼎之臣。

厚重，是一种大音希声的智慧，也是修身的基础。

放心不是死心

今说求放心，说来说去，却似释老说入定一般。但彼到此便死了；吾辈却要得此心主宰得定，方赖此做事业，所以不同也。如《中庸》说“天命之谓性”，即此心也；“率性之谓道”，亦此心也；“修道之谓教”，亦此心也；以至于“致中和”，“赞化育”，亦只此心也。致知，即心知也；格物，即心格也；克己，即心克也。非礼勿视听言动，勿与不勿，只争毫发地尔。所以明道说：“圣贤千言万语，只是欲人将已放之心收拾入身来，自能寻向上去。”今且须就心上做得主定，方验得圣贤之言有归着，自然有契。如《中庸》所谓“尊德性”，“致广大”，“极高明”，盖此心本自如此广大，但为物欲隔塞，故其广大有亏；本自高明，但为物欲系累，故于高明有蔽。若能常自省察警觉，则高明广大者常自若，非有所增损之也。其“道问学”，“尽精微”，“道中庸”等工夫，皆自此做，尽有商量也。若此心上工夫，则不待商量赌当，即今见得如此，则更无闲时。行时，坐时，读书时，应事接物时，皆有着力处。大抵只要见得，收之甚易而不难也。（《朱子语类》）

放心不是死心，而是恢复明净活泼的心性。心灵本是照亮人生的明灯，只有灯盏长明，我们的人生才能摆脱黑暗。

过犹不及

儒者潜心正道，不容有差，其始甚微，其终则不可救。如“师也过，商也不及”，于圣人中道，师只是过于厚些，商只是不及些，然而厚则渐至于兼爱，不及则便至于为我，其过不及同出于儒者，其末遂至杨、墨。至如杨、墨，亦未至于无父无君。孟子推之便至于此，盖其差必至于是也。（《近思录》）

孔子的弟子子贡曾经问孔子道：“子张与子夏谁更贤能呢？”孔子回答：“子张才高意广，往往把事情做过了头；而子夏笃信谨守，又往往不够火候。”“那就是说子张要胜过一筹了？”“如同打靶一样，过与不及，都是不中鹄的，所以同样的不好。”（至于朱熹提到的杨、墨、孟子，典出于此：墨子说“兼爱非攻”，主张民胞物与、天下一家；杨朱说“拔一毛以利天下而不为”，主张个体自负其责。于是孟子批判墨子的“爱无差等”是“无父”，杨朱的“自利贵生”是“无君”，所谓“无父无君，是禽兽也”。）

修身必在其始存心中正，行事中庸，过与不及，终将败德。

修身修心

问："初学精神易散，静坐如何？"曰："此亦好，但不专在静处做工夫，动作亦当体验。圣贤教人，岂专在打坐上？要是随处着力，如读书，如待人处事，若动若静，若语若默，皆当存此。无事时，只合静心息念。且未说做他事，只自家心如何令把捉不定？恣其散乱走作，何有于学？孟子谓'学问之道无他，求其放心而已矣'。不然，精神不收拾，则读书无滋味，应事多龃龉，岂能求益乎！"（《朱子语类》）

所谓修身，是收敛精神，而非收敛肢体。

说诚敬

椿临行请教。曰："凡人所以立身行己，应事接物，莫大乎诚敬。诚者何？不自欺不妄之谓也。敬者何？不怠慢不放荡之谓也。今欲作一事，若不立诚以致敬，说这事不妨胡乱做了，做不成又付之无可奈何，这便是不能敬。人面前底是一样，背后又是一样；外面做底事，内心却不然；这个皆不诚也。学者之心，大凡当以诚敬为主。"（《朱子语类》）

东汉大学者马融是一个非常豪奢的人。因为文史兼通、学识渊博，四方慕名而来投在门下的弟子有数千人之多，而其中一个叫做卢植的学生最受马融的器重。马融讲课之时，往往喜欢以女乐助兴，弟子们一面听老师的讲授，一面不免要分心在这些妙龄女子的琴声当中，只有卢植，随侍马融讲学数年，对此视而不见，充耳不闻，因此深得马融赏识。

世间学问，最怕认真二字，而认真，便需诚敬。

为人主敬

某问："明性须以敬为先？"曰："固是。但敬亦不可混沦说，须是每事上检点。论其大要，只是不放过耳。大抵为己之学，于他人无一毫干预。圣贤千言万语，只是使人反其固有而复其性耳。"（《朱子语类》）

中国传统的儒家学说，从行动上说主张克己复礼，也就是为人处世要合乎礼乐的规定。但外部的行为取决于内心的思想。只有不断检讨自己思想的谬误，把持住人性原本的善良，才能由内到外修身成人，成就人生。

内外兼修

士毅禀归，请教。曰："只前数日说底便是，只要去做工夫。如饮食在前，须是去吃他，方知滋味。"又曰："学者最怕不知蹊径，难与他说。今日有一朋友将书来，说从外面去，不知何益。不免说与他，教看《孟子》'存心'一段。人须是识得自家物事，且如存，若不识得他，如何存得？如今既知蹊径，且与他做去。只如主敬、穷理，不可偏废。这两件事，如踏一物一般，踏着这头，那头便动。如行步，左足起，右足自来。"又曰："更有一事，如今学者须是莫把做外面事看。人须要学，不学便欠阙了他底，学时便得个恰好。"（《朱子语类》）

若说知识的积累可以耕耘出一片广袤的田野，那么灵魂的淬炼便是田野上翻滚的麦浪。

位我上者，灿烂星空

语泉州赵公曰：“学固不在乎读书，然不读书，则义理无由明。要之，无事不要理会，无书不要读。若不读这一件书，便阙了这一件道理；不理会这一事，便阙这一事道理。要他底，须着些精彩方得，然泛泛做又不得。故程先生教人以敬为本，然后心定理明。孔子言‘出门如见大宾’云云，也是散说要人敬。但敬便是个关聚底道理，非专是闭目静坐，耳无闻，目无见，不接事物，然后为敬。整齐收敛，这身心不敢放纵，便是敬。尝谓‘敬’字似甚字？恰似个‘畏’字相似。”（《朱子语类》）

举头三尺有神明。所谓“敬”字，便是在“神明”面前的整肃和收敛。此节亦颇合西哲康德所言：“位我上者，灿烂星空；道德律令，在我心中。”

天人交战

问：“寻常遇事时，也知此为天理，彼为人欲。及到做时，乃为人欲引去，事已却悔，如何？”曰：“此便是无克己工夫。这样处，极要与他埽除打叠，方得。如一条大路，又有一条小路。明知合行大路，然小路面前有个物引着，自家不知不觉行从小路去；及至前面荆棘芜秽，又却生悔。此便是天理人欲交战之机。须是遇事之时，便与克下，不得苟且放过。此须明理以先之，勇猛以行之。若是上智圣人底资质，不用着力，自然存天理而行，不流于人欲。若贤人资质次于圣人者，到遇事时固不会错，只是先也用分别教是而后行之。若是中人之资质，须大段着力，无一时一刻不照管克治，始得。曾子曰：‘仁以为己任，不亦重乎！死而后已，不亦远乎！’又曰：‘战战兢兢，如临深渊，如履薄冰。而今而后，吾知免夫，小子！’直是恁地用功，方得。”（《朱子语类》）

传说早年在京城为官的曾国藩，还不是后来人们眼中的圣贤楷模。年轻人的好奇心使得这位后来的理学家时常做出出格的事情。有一次，曾国藩撺掇朋友们一起去菜市口看犯人行刑，因为他从来没见过处决犯人的场面。可是走到半路，善于自省的曾国藩内心却越来越不安：一个信仰忠孝仁义、立志于弘扬孔孟之志的学子，怎么能对生死如此漠然，甚至觉得新奇好玩呢？于是，曾国藩又将同去的朋友都劝了回来。

每个人的心中都有邪念，破除心魔，当如佛家所谓“勇猛精进，志愿无倦”。

役物而不役于物

人多思虑，不能自宁，只是做他心主不定。要作得心主定，惟是止于事，“为人君止于仁”之类。如舜之诛四凶，四凶已作恶，舜从而诛之，舜何与焉？人不止于事，只是揽他事，不能使物各付物。物各付物，则是役物。为物所役，则是役于物。“有物必有则”，须是止于事。（《近思录》）

朱子常说“格物致知”。所谓“格物”，这个“格”字便当作“止”讲，换句话说，“格物致知”就是到万事万物中去寻找世界的真理。反过来，只要凡事依理而行，于理能安，便可做得光明坦荡，问心无愧。

为人与为己

与冯德贞说为己、为人。曰："若不为己，看做甚事都只是为别人。虽做得好，亦不关己。自家去从师，也不是要理会身己；自家去取友，也不是要理会身己。只是漫恁地，只是要人说道也曾如此，要人说道好。自家又识得甚么人，自家又有几个朋友，这都是徒然。说道，看道理，不曾着自家身己，如何会晓得？世上如此为学者多。只看为己底是如何，他直是苦切。事事都是自家合做底事，如此方可，不如此定是不可。今有人苦学者，他因甚恁地苦？只为见这物事是自家合做底事。如人吃饭，是自家肚饥，定是要吃。又如人做家主，要钱使，在外面百方做计，壹钱也要将归。这是为甚如此？只为自家身上事。若如此为学，如何会无所得！"（《朱子语类》）

修行是自己的，人生是自己的，勘不破这一层，生命就永远不会突破。

得体最难

问时中如何？曰："'中'字最难识，须是默识心通。且试言一厅，则中央为中。一家则厅中非中而堂为中。言一国则堂非中而国之中为中。推此类可见矣。如'三过其门不入'，在禹稷之世为中，若'居陋巷'，则非中也。'居陋巷'在颜子之时为中，若'三过其门不入'，则非也。"（《近思录》）

中国人自古讲究"中庸之道"。所谓中庸，并非没有原则地和稀泥，中者不偏，庸者不易。所谓中庸，其实便是不偏不倚的得体之道。

得体是一种因事制宜的智慧，而非按图索骥的教条。

作文与做人

文要密察，心要洪放。（《近思录》）

范晔的《后汉书》记载，有人向汉初名将马援询问光武帝刘秀是何人物？马援说：“刘秀和公孙述（汉初割据四川的蜀王）都算一方豪杰。公孙述还是我的老相识。但当我去拜访他的时候，他却盛陈兵士，连和我握手都时刻提防，生怕被眼前的故人谋害。而当我到河北拜望刘秀，其恢廓大度，谈笑风生，真是英雄气度，我想，天下将来一定是刘秀的。”

缜密是治学的态度，洒脱是做人的风度。作文要严谨到密不容针，做人要宽容到疏可走马。

静心澄虑

吕与叔尝言患思虑多，不能驱除。曰：“此正如破屋中御寇，东面一人来未逐得，西面又一人至矣。左右前后，驱逐不暇。盖其四面空疏，盗固易入，无缘作得主定。又如虚器入水，水自然入。若以一器实之以水，置之水中，水何能入来？盖中有主则实，实则外患不能入，自然无事。”（《近思录》）

三国时的管宁与华歆都是一时名士，且同为学友。有一天两人同在园中除菜，见地上有小片黄金。管宁挥锄不停，和看到石头瓦片一样没有区别，华歆却拾起金片，端详犹豫之后，才扔掉了它。他们又曾同坐一张席上读书，有个坐着四周有障蔽的高车的官员从门前过，管宁读书不停如故，华歆却放下书出去看热闹。

世间的纷扰往往源于诱惑，若心中空空如也，没有一片灵明充实着，那外邪又怎能不乘虚而入呢？

礼生于心

今学者敬而不自得，又不安者，只是心生，亦是太以敬来做事得重。此“恭而无礼则劳”也。恭者，私为恭之恭也。礼者，非体之礼，是自然底道理也。只恭而不为自然底道理，故不自在也。须是“恭而安”。今容貌必端，言语必正者，非是道独善其身，要人道如何，只是天理合如此。本无私意，只是个循理而已。（《近思录》）

礼，是自心底油然而生的修为与涵养。没有情感的蕴藉，而仅仅靠外在的强制约束训练而成的礼仪，就像鲜艳却没有香味的塑料花，美丽却不动人。

修身养性，事缓则圆

今志于义理而心不安乐者，何也？此则正是剩一个“助之长”。虽则心“操之则存，舍之则亡”，然而持之太甚，便是“必有事焉而正之”也。亦须且恁去，如此者只是德孤，“德不孤，必有邻”。到德盛后，自无窒碍，左右逢其原也。（《近思录》）

人生的道理，说起来简单，领会起来却没那么容易。就如一杯醇酒，不在唇舌之间多盘桓几次，难以感受它的滋味。好酒的陶渊明，其实也并非从一开始就甘心做一个隐士，他也曾经做过将军的幕僚、一县的长官，在污浊的世道中摸爬滚打多年，才领悟人生的归宿该是宁静的田园。

不必强迫自己刻意接受尚不能领悟的道理，修身与悟道，本就是一个循序渐进、顺其自然的过程。

因势利导，遂成其德

人而无克伐怨欲，惟仁者能之。有之而能制其情不行焉，斯亦难能也，谓之仁则未可也。此原宪之问，夫子答以知其为难，而不知其为仁。此圣人开示之深也。（《近思录》）

孔子的弟子原宪曾经向孔子请教说：“克伐怨欲四者都能抑制它不使发作，这能不能算作仁呢？”孔子回答：“做到这样也算难能可贵，但是不能轻易许之以仁。”

对于人生的欲望和恶习，一味压抑并不是明智的选择。压抑不等于根除，贼人压在心底，念兹在兹，加一分压力便多一分抗力，终有脱困作恶的一天。只有因势利导、拔除私欲，以一份中正平和、光明坦荡的涵养将心贼消弭于无形，才是求仁得仁的正道。

人性的标杆

人性虽同，禀气不能无偏重。有得木气重者，则恻隐之心常多，而羞恶、辞逊、是非之心为其所塞而不发；有得金气重者，则羞恶之心常多，而恻隐、辞逊、是非之心为其所塞而不发。水火亦然。唯阴阳合德，五性全备，然后中正而为圣人也。（《朱子语类》）

人生的修行，其实也就是性格完善的过程。五性合备、阴阳合德，是成为圣人的标杆。

养心的重要

横渠说得最好，言：“心，统性情者也。”孟子言：“恻隐之心，仁之端；羞恶之心，义之端。”极说得性、情、心好。性无不善。心所发为情，或有不善。说不善非是心，亦不得。却是心之本体本无不善，其流为不善者，情之迁于物而然也。（《朱子语类》）

性是理之总名，仁义礼智皆性中一理之名。恻隐、羞恶、辞逊、是非是情之所发之名，此情之出于性而善者也。其端所发甚微，皆从此心出，故曰：“心，统性情者也。”性不是别有一物在心里。心具此性情。心失其主，却有时不善。（《朱子语类》）

人性，其实就是善恶是非的价值判断，是出于真心而合乎道义的行为抉择。

自我警醒

古人瞽史诵诗之类，是规戒警诲之意，无时不然。便被他恁地炒，自是使人住不着。大抵学问须是警省。且如瑞岩和尚每日间常自问："主人翁惺惺否？"又自答曰："惺惺。"今时学者却不如此。（《朱子语类》）

人生，是一次前途未知的夜航。面对着沉沉暗夜，行走于无边无际的海面，如果没有航标提示，或许就将驶向灭顶之灾。而人生的航标，便是我们接受的规诫与警诲。

规矩与约束

人心常炯炯在此，则四体不待羁束，而自入规矩。只为人心有散缓时，故立许多规矩来维持之。但常常提警，教身入规矩内，则此心不放逸，而炯然在矣。心既常惺惺，又以规矩绳检之，此内外交相养之道也。（《朱子语类》）

有这样一个故事：

约翰又一次将车送到城里一家大的经销商那里维修，这已经是他第二次因为同样的问题修车了。取车时，负责接待的小姐告诉他修理费达数百美元。约翰想，只要车确实修好了，也就认了。

于是，他说道："好吧，不过我要先试车，看看是否真的修好了。"

"可以，不过，您要先付修理费，才能把车开走。"

对他们公司来说，约翰可是位大客户：他个人每几年就从这里购买一辆新车；此外，约翰供职的那家大集团也通过他每年从这家经销商手里购买四五辆车，该经销商还为此专门指派了一名销售人员负责跟踪服务。

接待小姐对他的情况一清二楚，所以当约翰听到让他先付费后取车时，简直难以置信。

“等一等，”他说道，“你是说，我不先付费，就不能把车开走？”

“十分抱歉，先生。可是，我不能坏了公司的规矩！”小姐说道，“这是公司的规定，我也毫无办法。”

小姐并非有意刁难，但如此做法的确让人不快。于是，约翰怒气冲冲地离开。回到公司，就给经销商打电话，他吼道：“你难道不相信我会付这区区一笔修理费吗？简直可笑！”经销商弄清事情的缘由后，马上向他道歉，保证一定会尽快妥善处理这件事，并表示要支付约翰取车未成的路费，并亲自将车交给约翰。

然而，出人意料的是，这个经销商从此再也没有跟约翰做过一笔生意，并断言：“约翰要不了多长时间就得卷铺盖回家，他已经变成一个没有规矩的人了！”

果然，没过多久，约翰因为回扣问题东窗事发，被炒了鱿鱼。这件事，几乎让所有认识约翰的人大吃一惊，同时，也不得不佩服经销商的预言。

“没有规矩，不成方圆”，这不仅仅是一条经济定理、社会规范，更是一则人生铁律。一个人，如果没了“规矩”，就会游走在危险的边缘。

学人逐利

问："吾辈之贫者，令不学子弟经营，莫不妨否？"曰："止经营衣食，亦无甚害。陆家亦作铺买卖。"因指其门阈云："但此等事，如在门限里，一动着脚，便在此门限外矣。缘先以利存心，做时虽本为衣食不足，后见利入稍优，便多方求余，遂生万般计较，做出碍理事来。须思量止为衣食，为仰事俯育耳。此计稍足，便须收敛，莫令出元所思处，则粗可救过。"因令看"利用安身，以崇德也"。《大雅》云："'利者，义之和也。'顺利此道，以安此身，则德亦从而进矣。"（《朱子语类》）

有志向学的人，少不得一顿粗茶淡饭，却也勘得破一世锦衣玉食。

才下眉头，却上心头

心清时少，乱时常多。其清时视明听聪，四体不待羁束而自然恭谨。其乱时反是。如此何也？盖用心未熟，客虑多而常心少也，习俗之心未去，而实心未完也。人又要得刚，太柔则入于不立。亦有人生无喜怒者，则又要得刚，刚则守得定不回，进道勇敢。载则比他人自是勇处多。（《近思录》）

所谓道心，亦只是一颗决心。

对症下药

先生问时举："观书如何？"时举自言："常苦于粗率，无精密之功，不知病根何在？"曰："不要讨甚病根。但知道粗率，便是病在这上，便更加仔细便了。今学者亦多来求病根，某向他说，头痛炙头，脚痛炙脚。病在这上，只治这上便了，更别讨甚病根也！"（《朱子语类》）

有时候，我们想当然地别寻病根，只是不肯正视与改正自己错误的托辞罢了。

你若拒绝改变，神仙也帮不上忙

人性本善，有不可革者，何也？曰：语其性则皆善也，语其才则有下愚之不移。所谓下愚有二焉，自暴也，自弃也。人苟以善自治，则无不可移者。虽昏愚之至，皆可渐磨而进。惟自暴者拒之以不信，自弃者绝之以不为，虽圣人与居，不能化而入也，仲尼之所谓下愚也。然天下自弃自暴者，非必皆昏愚也。往往强戾而才力有过人者，商辛是也。圣人以其自绝于善，谓之下愚。然考其归，则诚愚也。（《近思录》）

人们常说，江山易改，本性难移。其实，所谓本性，或许只是后天的恶习；所谓难移，只是拒绝改变的托辞。而你若拒绝改变，就算圣人和神仙都帮不上忙。

不抛弃、不放弃的菩萨道

既曰下愚，其能革面何也？曰：心虽绝于善道，其畏威而寡罪，则与人同也。惟其有与人同，所以知其非性之罪也。（《近思录》）

如何才能激发人心中的良善？孔子说，唯上智与下愚不移。智慧的人，你不能使他为非作歹；愚笨的人，你也很难教他成为贤良。而朱熹相信，愚笨的人也并非本性就冥顽不化，他或许不懂得为善的好处，可是至少应该让他知道为恶的惩罚。趋利避害既为人情之常，当可因势利导。

低调做人，高调做事

学者须常收敛，不可恁地放荡。只看外面如此，便见里面意思。如佛家说，只于阙。都看得见。才高，须着实用工，少间许多才都为我使，都济事。若不细心用工收敛，则其才愈高，而其为害愈大。（《朱子语类》）

金庸的众多小说中，《天龙八部》或许是最家喻户晓的一部。若问《天龙八部》中，谁才是武林第一高手？很奇怪，他不是豪迈飒爽的丐帮帮主乔峰，也不是潇洒闲雅的姑苏名流慕容复，他只不过是一个在少林寺中身穿青袍、手持扫帚的老僧。武艺与学问一样，都是人生的修养，而修身是为了完善自己，不是为了哗众取宠。或许正是甘于寂寞无闻的人，才有潜心向学的定力与恒心。

上面有人

昔林艾轩在临安，曾见一僧与说话。此僧出入常顶一笠，眼视不曾出笠影外。某所以常道，他下面有人，自家上面没人。（《朱子语类》）

若眼高于顶、目中无人，这世界的精彩就将和你擦肩而过。

所谓闲适

问："前承先生书云：'李先生云：赖天之灵，常在目前。如此，安得不进？盖李先生为默坐澄心之学，持守得固。后来南轩深以默坐澄心为非。自此学者工夫愈见散漫，反不如默坐澄心之专。'"先生曰："只为李先生不出仕，做得此工夫。若是仕宦，须出来理会事。向见吴公济为此学，时方授徒，终日在里默坐。诸生在外，都不成模样，盖一向如此不得。"问："龟山之学云：'以身体之，以心验之，从容自得于燕闲静一之中。'李先生学于龟山，其源流是如此。"曰："龟山只是要闲散，然却读书。尹和靖便不读书。"（《朱子语类》）

智者乐水，仁者乐山。所谓闲适，不是心灵的放纵，而是心灵的安顿。

读书与享乐

问：“山居颇适，读书罢，临水登山，觉得甚乐。”曰：“只任闲散不可，须是读书。”又言上古无闲民。其说甚多，不曾记录。大意似谓闲散是虚乐，不是实乐。（《朱子语类》）

人生真正的快乐是以磨砺的智慧之光发现世界的美好，倘若眼暗心钝，纵然置身于山水胜地，也无快乐可言。

把心放在身边

今公掀然有飞扬之心，以为治国平天下如指诸掌。不知自家一个身心都安顿未有下落，如何说功名事业？怎生治人？古时英雄豪杰不如此。张子房，不问着他不说。诸葛孔明甚么样端严！公浙中一般学，是学为英雄之学，务为跅弛豪纵，全不点检身心。某这里须是事事从心上理会起，举止动步，事事有个道理。一毫不然，便是欠阙了他道理。固是天下事无不当理会，只是有先后缓急之序；须先立其本，方以次推及其余。今公们学都倒了，缓其所急，先其所后，少间使得这身心飞扬悠远，全无收拾岁。而今人不知学底，他心虽放，然犹放得近。今公虽曰知为学，然却放得远；少间会失心去，不可不觉！（《朱子语类》）

汉末名士陈藩，年轻时在家读书，秋天的院子里积满落叶。一位上门做客的叔父问道：“孺子何以不扫它一扫呢？”陈藩回答说：“我志在扫荡天下，岂能学妇人之状，做这些家务呢？”

陈藩年轻时的这席话，被人传称是胸怀大志的标志，但志大才疏的他，最终因为政治经验的欠缺，在党锢之祸中被宦官谋害。

荀子说，不积跬步无以至千里。一屋之不扫，又何以扫清天下呢？所谓修行，实在就是把心放在身边。

由内而外，表里如一

大抵为人，先要身体端整。自冠巾、衣服、鞋袜皆须收拾爱护，常令洁净整齐。我先人常训子弟云："男子有三紧。谓头紧、腰紧、脚紧。"头谓头巾，未冠者总髻。腰谓以绦或带束腰。脚谓鞋袜。此三者要紧束，不可宽慢。宽慢则身体放肆，不端严，为人所轻贱矣。（《童蒙须知》）

仪表是人的第一张名片。只有仪态庄重的人，才能赢得别人的敬意。

闲庭信步，正大光明

圣贤所说工夫，都只一般，只是一个“择善固执”。《论语》则说“学而时习之”，《孟子》则说“明善诚身”，只是随他地头所说不同，下得字来，各自精细。其实工夫只是一般，须是尽知其所以不同，方知其所谓同也。（《朱子语类》）

中国儒家总说做人要有经有权。所谓经，换做今天的话讲，就是原则性，比如“男女授受不亲”；所谓权，就是灵活性，比如“嫂溺援之以手”。其实有“经”方有“权”，有“权”方显“吾道一以贯之”的潇洒与自信。正所谓“极高明而道中庸”，正是因为对万物、对人生有一种整体而深刻的把握，才能不拘泥亦不偏离，闲庭信步、正大光明。这就是人生修行的境界。

第四章

教育篇——从小学到大学的育人之术

在七十年的人生光阴中，朱熹除了对理学的思考与追求之外，作育英才、传承学术也是他为之不倦努力的方向。中国四大书院的其中两座——白鹿洞书院与岳麓书院，都曾因为这位理学家的育人精神而闻名于世。

朱熹基于对人的生理和心理特征的初步认识，把一个人的教育分成“小学”和“大学”两个既有区别又有联系的阶段。八至十五岁为小学教育阶段。鉴于学童“智识未开”，思维能力薄弱，因此朱熹提出小学教育的内容是“学其事”：主张儿童在日常生活中，通过具体行事，懂得基本的伦理道德规范，养成一定的行为习惯，学习初步的文化知识技能。十五岁以后是大学教育阶段，与重在“教事”的小学教育不同，大学教育的重点是“教理”，即重在探究“事物之所以然”。

循序渐进

小学是事，如事君，事父，事兄，处友等事，只是教他依此规矩做去。大学是发明此事之理。（《朱子语类》）

问：“大学与小学，不是截然为二。小学是学其事，大学是穷其理，以尽其事否？”曰：“只是一个事。小学是学事亲，学事长，且直理会那事。大学是就上面委曲详究那理，其所以事亲是如何，所以事长是如何。古人于小学存养已熟，根基已深厚，到大学，只就上面点化出些精彩。古人自能食能言，便已教了，一岁有一岁工夫。至二十时。圣人资质已自有十分。大学只出治光彩。今都蹉过，不能转去做，只据而今当地头立定脚做去，补填前日欠阙，栽种后来合做底。如二十岁觉悟，便从二十岁立定脚力做去；三十岁觉悟，便从三十岁立定脚力做去。纵待八九十岁觉悟，也当据见定扎住硬寨做去。”（《朱子语类》）

对于尚在懵懂之际的孩子来说，告诉他水火无情、远离火源便已足够。不必从化学的角度说明火为什么能灼伤人的肉体。道理是需要一层层学习，一层层领悟的。先懂得是什么，再追求为什么，这才是循序渐进的学习之道。

用心和用脑

书宜少看，要极熟。小儿读书记得，大人多记不得者，只为小儿心专。一日授一百字，则只是一百字；二百字，则只是二百字。大人一日或看百板，不恁精专。人多看一分之十，今宜看十分之一。宽着期限，紧着课程。（《朱子语类》）

民国学者辜鸿铭，学贯中西，精通数门外语。有一次在德国旅行，同车的一个德国人对眼前这个看报纸的中国老头报以轻蔑的眼神。辜鸿铭看到之后，故意将报纸倒过来拿着读，引得洋人不禁窃笑。下车之前，辜鸿铭走到洋人跟前，用纯正的德语告诉他："你们的德文太简单了，要不是倒过来看，我实在不晓得它有什么意思！"

有人曾经请教辜鸿铭如何能精通这么多的学问，辜鸿铭说，读书要从小做起。小孩子是用心读书，大人是用脑读书。用心的人单纯而专一，用脑的人复杂而多虑。正是自小打下的基础，才成就了辜鸿铭的人生传奇。

快乐和功用

先生初令义刚训二三小子，见教曰：“授书莫限长短，但文理断处便住。若文势未断者，虽多授数行，亦不妨。盖儿时读书，终身改口不得。尝见人教儿读书限长短，后来长大后，都念不转。如训诂，则当依古注。”问：“向来承教，谓小儿子读书，未须把近代解说底音训教之。却不知解与他时如何？若依古注，恐他不甚晓。”曰：“解时却须正说，始得。若大段小底，又却只是粗义，自与古注不相背了。”（《朱子语类》）

用心读书的人，从感性体验入手；用脑读书的人，从理性分析入手。对于三尺孩童而言，感受文字的优美、音韵的和谐才是读书的快乐所在。

面对应试教育

尝论科举云：“非是科举累人，自是人累科举。若高见远识之士，读圣贤之书，据吾所见而为文以应之，得失利害置之度外，虽日日应举，亦不累也。居今之世，使孔子复生，也不免应举，然岂能累孔子邪！自有天资不累于物，不须多用力以治之者。某于科举，自小便见得轻，初亦非有所见而轻之也。正如人天资有不好啖酒者，见酒自恶，非知酒之为害如何也。又人有天资不好色者，亦非是有见如何，自是他天资上看见那物事无紧要。若此者，省得工夫去治此一项。今或未能如此，须用力胜治方可。”（《朱子语类》）

真正让人感到压抑的，不是应试教育的刻板与机械，是为应试而急功近利的心态。

应试下的自由

南安黄谦，父命之入郡学习举业，而径来见先生。先生曰："既是父要公习举业，何不入郡学。日则习举业，夜则看此书，自不相妨，如此则两全。硬要咈父之命，如此则两败，父子相夷矣，何以学为！读书是读甚底？举业亦有何相妨？一旬便做五日修举业，亦有五日得暇及此。若说践履涵养，举业尽无相妨。只是精神昏了。不得讲究思索义理，然也怎奈之何！"（《朱子语类》）

因说"至善"，又问作时文，先生曰："读书才说要做文字使，此心便错了。若剩看得了，到合说处便说，当不说处不说也得，本来不是要人说得便了。如时文，也只不出圣贤不多说话翻誊出来。且如到说忠信处，他也会说做好，只是与自身全不相干。"因举"在漳州日，词讼讫，有一士人立庭下。待询问，乃是要来从学。居泉州，父母遣学举业，乃厌彼，要从学。某以其非父母命，令且归去，得请再来，始无所碍。然其有所见如此，自别"。（《朱子语类》）

就像世界会有黑夜与白天的交替，应付考试与发展兴趣，本身是可以并行不悖的。其实应试并不在于所学的内容，而在于学习的形式。拘泥于形式而学不到内容，只因“先名后实”四字之误。

循循善诱

孔门教人甚宽，今日理会些子，明日又理会些子，久则自贯通。如耕荒田，今日耕些子，明日又耕些子，久则自周匝。虽有不到处，亦不出这理。（《朱子语类》）

史学家严耕望先生曾在回忆老师钱穆对自己的教育方式时这样说过，在他年轻时，钱先生嘱咐他不要过多地抛头露面，参加学术会议与学术活动。先生觉得中国的学术环境很不好，未成名的学者，为生计所迫，没办法安心读书；而成名的学者，为盛名所累，四处讲学交流，没办法静心读书。因此他希望年轻的严耕望能够一心向学，不要为俗事分神。等到严耕望已过知天命的年纪，当选为“中央研究院”院士时，钱穆先生却又鼓励他多参加一些讲学活动。面对着严耕望的不解，钱先生说，你我如今都已人到晚年，而学术需要后继有人，讲学的目的是为了嘉惠后人，而不是为了一己的私名。

世间的道理，随着时间、年龄、阅历的变迁，总能给人以新的体会，而一个真正循循善诱的智者，总能在宽容的教育中予人以崭新的领悟。

教育是一种启发

说书必非古意，转使人薄。学者须是潜心积虑，优游涵养，使之自得。今一日说尽，只是教得薄。至如汉时说“下帷讲诵”，犹未必说书。（《近思录》）

教育并不是机械的灌输，而是开启智慧与思考的钥匙。

钟鸣鼎食，诗礼传家

天下有多少才，只为道不明于天下，故不得有所成就。且古者“兴于诗，立于礼，成于乐”，如今人怎生会得？古人于《诗》，如今人歌曲一般，虽闾巷童稚，皆习闻其说而晓其义，故能兴起于《诗》。后世老师宿儒，尚不能晓其义，怎生责得学者？是不得兴于《诗》也。古礼既废，人伦不明，以至治家皆无法度，是不得立于礼也。古人有歌咏以养其性情，声音以养其耳目，舞蹈以养其血脉，今皆无之，是不得成于乐也。古之成材也易，今之成材也难。（《近思录》）

所谓钟鸣鼎食、诗礼传家，便是从小给予孩子以爱和美的教育。

第五章

论学篇——理学大师的经验之谈

在《朱子语类》当中，绝大部分的内容记载的都是朱熹开示学生的治学经验之谈。孔子常说：“吾非生而知之者，好古，敏以求之者也。”天才的成功之路，在世人眼中多半源于上天的眷顾，是常人无法复制的。但从小就被人认为是天才的朱熹，却是在艰苦的求学之路上切磋琢磨，靠着九十九分的汗水才成为一代理学宗师的。翻阅大师的治学经验，我们看到的是一个年轻学子成长、成功的心路历程，看到的是平实却有效的读书心得，看到的是书山学海中的通幽之径……

致知在敬

贤辈但知有营营逐物之心，不知有真心，故识虑皆昏。观书察理，皆草草不精；眼前易晓者，亦看不见；皆由此心杂而不一故也。所以前辈语初学者必以敬，曰：“未有致知而不在敬者。”今未知反求诸心，而胸中方且丛杂错乱，未知所守。持此杂乱之心以观书察理，故凡工夫皆从一偏一角做去，何缘会见得全理！某以为诸公莫若且收敛身心，尽扫杂虑，令其光明洞达，方能作得主宰，方能见理。不然，亦终岁而无成耳。（《朱子语类》）

先生举《遗书》云：“根本须先培壅然后可立趋向。”又云：“学者须敬守此心，不可急迫，当栽培深厚，涵泳于其间，然后可以自得。今且要收敛此心，常提撕省察。且如坐间说时事，逐人说几件，若只管说，有甚是处！便截断了，提撕此心，令在此。凡遇事应物皆然。”（《朱子语类》）

读书是建立人生信仰的过程。而面对信仰，需要的是宗教般的虔诚。

读书须先静心

学者读书，多缘心不在，故不见道理。圣贤言语本自分晓，只略略加意，自见得。若是专心，岂有不见！（《朱子语类》）

心不定，故见理不得。今且要读书，须先定其心，使之如止水，如明镜。暗镜如何照物！（《朱子语类》）

周作人曾经形容自己读古书的体验：在风雨交加的夜里，在苦雨斋中点亮一抹橘黄的灯光，从容览卷。风雨敲窗之际，仿佛从字里行间看见前人的音容笑貌，他们穿越了时空的局限，与自己亲切地交谈。

只有静谧的夜，只有恬静的心，才能从书中读出“风雨故人来”的滋味。

立志做圣人

世俗之学，所以与圣贤不同者，亦不难见。圣贤直是真个去做，说正心，直要心正；说诚意，直要意诚；修身齐家，皆非空言。今之学者说正心，但将正心吟咏一晌；说诚意，又将诚意吟咏一晌；说修身，又将圣贤许多说修身处讽诵而已。或掇拾言语，缀缉时文。如此为学，却于自家身上有何交涉？这里须要着意理会。今之朋友，固有乐闻圣贤之学，而终不能去世俗之陋者，无他，只是志不立尔。学者大要立志，才学，便要做圣人是也。（《朱子语类》）

圣贤与凡俗，并不在于看到的是非不同，而是在于坚持是非的观念，是一生，还是一天。

无处不修行

人多言为事所夺，有妨讲学，此为“不能使船嫌溪曲”者也。遇富贵，就富贵上做工夫；遇贫贱，就贫贱上做工夫。兵法一言甚佳：“因其势而利导之”也。人谓齐人弱，田忌乃因其弱以取胜，今日三万灶，明日二万灶，后日一万灶。又如韩信特地送许多人安于死地，乃始得胜。学者若有丝毫气在，必须进力！除非无了此气，只口不会说话，方可休也。因举浮屠语曰：“假使铁轮顶上旋，定慧圆明终不失！”（《朱子语类》）

你若有心，无时无处无事不是修行。

三重境界

大凡义理积得多后，贯通了，自然见效。不是今日理会得一件，便要做一件用。譬如富人积财，积得多了，自无不如意。又如人学作文，亦须广看多后，自然成文可观。不然，读得这一件，却将来排凑做，韩昌黎论为文，便也要读书涵味多后，自然好。柳子厚云，本之于“六经”云云之意，便是要将这一件做那一件，便不及韩。（《朱子语类》）

王国维先生曾经说做学问有三重境界，第一重是对知识的渴望，恰如“昨夜西风凋碧树，独上高楼，望尽天涯路”；第二重是探索的困惑，好比“衣带渐宽终不悔，为伊消得人憔悴”；第三重是豁然贯通的自由，正像“众里寻他千百度，蓦然回首，那人却在，灯火阑珊处”。为学为人，皆是如此。

专注的意义

读书须读到不忍舍处，方是见得真味。若读之数过，略晓其义即厌之，欲别求书看，则是于此一卷书犹未得趣也。盖人心之灵，天理所在，用之则愈明。只提醒精神，终日着意，看得多少文字！穷得多少义理！徒为懒倦，则精神自是愦愦，只恁昏塞不通，可惜！某旧日读书，方其读《论语》时，不知有《孟子》；方读《学而》第一，不知有《为政》第二。今日看此一段，明日且更看此一段，看来看去，直待无可看，方换一段看。如此看久，自然洞贯，方为浃洽。时下虽是钝滞，便一件了得一件，将来却有尽理会得时。若撩东札西，徒然看多，事事不了；日暮途远，将来荒忙不济事。（《朱子语类》）

旧见李先生说："理会文字，须令一件融释了后，方更理会一件。""融释"二字下得极好，此亦伊川所谓"今日格一件，明日又格一件，格得多后，自脱然有贯通处"。此亦是他真曾经历来，便说得如此分明。

今若一件未能融释，而又欲理会一件，则第二件又不了。推之万事，事事不了，何益！（《朱子语类》）

《霸王别姬》里的程蝶衣说：“不疯魔，不成活。”只有入戏至深的角儿，才能真正做到人戏合一。

学问的三部曲

学之之博，未若知之之要；知之之要，未若行之之实。（《朱子语类》）

学者工夫，但患不得其要。若是寻究得这个道理，自然头头有个着落，贯通浃洽，各有条理。如或不然，则处处窒碍。学者常谈，多说持守未得其要，不知持守甚底。说扩充，说体验，说涵养，皆是拣好底言语做个说话，必有实得力处方可。所谓要于本领上理会者，盖缘如此。（《朱子语类》）

将大堆散漫凌乱的知识塞入自己的头脑，不过是开了一个思想的杂货铺；倒不如提纲挈领，先了解学问的大关节。但学问并不仅仅局限于思想的了解，更需要行动的实践和体验。

做人要有大模样

为学须先立得个大腔当了，却旋去里面修治壁落教绵密。今人多是未曾知得个大规模，先去修治得一间半房，所以不济事。（《朱子语类》）

探寻学问的道理与作画其实非常相似，没有合理的整体布局，没有层次分明的光线关系，哪怕再重视细节的雕琢，也决不可能成就一幅好的作品。立定学问的框架和主干，才是治学的第一要务。引申开去，做人做事，若缺了大模样，没有大腔调，便是再多奇技淫巧、机杼百出，也是不入流。

见贤思齐

凡人须以圣贤为己任。世人多以圣贤为高，而自视为卑，故不肯进。抑不知，使圣贤本自高，而己别是一样人，则早夜孜孜，别是分外事，不为亦可，为之亦可。然圣贤禀性与常人一同。既与常人一同，又安得不以圣贤为己任？自开辟以来，生多少人，求其尽己者，千万人中无一二，只是衮同枉过一世！《诗》曰："天生烝民，有物有则。"今世学者，往往有物而不能有其则。《中庸》曰："尊德性而道问学，极高明而道中庸。"此数句乃是彻首彻尾。人性本善，只为嗜欲所迷，利害所逐，一齐昏了。圣贤能尽其性，故耳极天下之聪，目极天下之明，为子极孝，为臣极其忠。（《朱子语类》）

圣贤之所以为圣贤，只在其修养功夫。从这个角度而言，凡人升堂入室，乃至超凡入圣，根本不假外求，道路早已预备好。既在心中，便在脚下。是谓求仁得仁。

更上层楼

濂溪先生曰："圣希天，贤希圣，士希贤。伊尹、颜渊，大贤也。伊尹耻其君不为尧、舜，一夫不得其所，若挞于市。颜渊'不迁怒，不贰过'，'三月不违仁'。志伊尹之所志，学颜子之所学，过则圣，及则贤，不及则亦不失于令名。"（《近思录》）

取法乎上，方为善学，惟其如此，人生才能更上层楼。

学以为己

学者须是为己。譬如吃饭，宁可逐些吃，令饱为是乎？宁可铺摊放门外，报人道我家有许多饭为是乎？近来学者，多是以自家合做底事报与人知。又言，此间学者多好高，只是将义理略从肚里过，却翻出许多说话。旧见此间人做婚书，亦说天命人伦。男婚女嫁，自是常事。盖有厌卑近之意，故须将日用常行底事装荷起来。如此者，只是不为己，不求益；只是好名，图好看。亦聊以自诳，如南越王黄屋左纛，聊以自娱尔。（《朱子语类》）

读书是为了明理，而不是为了向别人炫耀自己懂得许多道理。

道理该怎么学

为学须是切实为己，则安静笃实，承载得许多道理。若轻扬浅露，如何探讨得道理？纵使探讨得，说得去，也承载不住。（《朱子语类》）

孔子曾说，君子欲讷于言而敏于行。对于听到的道理，动手实践要积极，积极的实践才能让自己更快更切实地懂得道理的真谛；但对自己认为明白的道理，切忌随口宣扬，宣扬意味着炫耀，也意味着学习的目的不是明道而是好名。

学问与体验

或问为学。曰："今人将作个大底事说，不切己了，全无益。一向去前人说中乘虚接渺，妄取许多枝蔓，只见远了，只见无益于己。圣贤千言万语，尽自多了。前辈说得分晓了，如何不切己去理会！如今看文字，且要以前贤程先生等所解为主，看他所说如何，圣贤言语如何，将己来听命于他，切己思量体察，就日用常行中着衣吃饭，事亲从兄，尽是问学。若是不切己，只是说话。"（《朱子语类》）

今人只凭一己私意，瞥见些子说话，便立个主张，硬要去说，便要圣贤从我言语路头去，如何会有益。此其病只是要说高说妙，将来做个好看底物事做弄。如人吃饭，方知滋味；如不曾吃，只要摊出在外面与人看，济人济己都不得。（《朱子语类》）

譬如一个真正懂得茶道的人，绝不会抱着一本《茶经》高谈阔论，必是闻香而知其名，入口能定其品。学问要的不是道听途说，而是亲身体验与真知灼见。

读书与恋爱

为学须是专一。吾儒惟专一于道理，则自有得。（《朱子语类》）

读书须纯一。如看一般未了，又要搬涉，都不济事。某向时读书，方其读上句，则不知有下句；读上章，则不知有下章。读《中庸》，则只读《中庸》；读《论语》，则只读《论语》。一日只看一二章，将诸家说看合与不合。凡读书到冷淡无味处，尤当着力推考。（《朱子语类》）

读书，只看一个册子，每日只读一段，方始是自家底。若看此又看彼，虽从眼边过得一遍，终是不熟。（《朱子语类》）

读书不可贪多，且要精熟。如今日看得一板，且看半板，将那精力来更看前半板，两边如此，方看得熟。直须看得古人意思出，方好。（《朱子语类》）

读书贪多，最是大病，下梢都理会不得。若到闲时无书读时，得一件书看，更仔细。某向为同安簿满，到泉州候批书，在客邸借文字，只借得一册《孟子》，将来仔细读，方寻得本意见。看他初间如此问，又如此答；待再问，又恁地答。其文虽若不同，自有意脉，都相贯通；句句语意，都有下落。（《朱子语类》）

—

读书，小作课程，大施功力。如会读得二百字，只读得一百字，却于百字中猛施工夫，理会仔细，读诵教熟。如此，不会记性人自记得，无识性人亦理会得。若泛泛然念多，只是皆无益耳。读书，不可以兼看未读者，却当兼看已读者。（《朱子语类》）

读书，只恁逐段仔细看，积累去，则一生读多少书！若务贪多，则反不曾读得。又曰："须是紧着工夫，不可悠悠，又不须忙。只常抖擞得此心醒，则看愈有力。"（《朱子语类》）

民国学者黄侃曾经有一句教训学生的名言，曰“杀书头”。所谓“杀书头”，批评的是一些年轻学生心思太过活泛，不愿踏实努力。今日拿起一本书来读，读到一半，或者感觉疲倦，或者兴趣转移，便将书放下，再去拿起别的书来读。有头而无尾，有始而无终，故名“杀书头”。

读书与恋爱，其实都是一个道理，说起来便是四个字：用心专一。

博学与专精

博学，谓天地万物之理，修己治人之方，皆所当学。然亦各有次序，当以其大而急者为先，不可杂而无统也。（《朱子语类》）

山谷《与李几仲帖》云：“不审诸经、诸史，何者最熟。大率学者喜博，而常病不精。泛滥百书，不若精于一也。有余力，然后及诸书，则涉猎诸篇亦得其精。盖以我观书，则处处得益；以书博我，则释卷而茫然。”先生深喜之，以为有补于学者。（《朱子语类》）

大凡看文字：少看熟读，一也；不要钻研立说，但要反复体验，二也；埋头理会，不要求效，三也。三者，学者当守此。（《朱子语类》）

如果说知识就像银库里散落堆积的铜钱，那么见识与抉择便是串起这些铜钱的钱串。

学习与阅历

学问，就自家身己上切要处理会方是，那读书底已是第二义。自家身上道理都具，不曾外面添得来。然圣人教人，须要读这书时，盖为自家虽有这道理，须是经历过，方得。圣人说底，是他曾经历过来。（《朱子语类》）

读万卷书，行万里路。知与行本为一体，一分为二，也只为了切磋印证，相得益彰。

学问的收获

学者须是直前做去，莫起计获之心。如今说底，恰似画卦影一般。吉凶未应时，一场鹘突，知他是如何。到应后，方始知元来是如此。（《朱子语类》）

负责“夏商周断代工程”的历史学者李学勤先生曾说，学问是“玩儿”出来的。你看那唐诗宋词，岂不是写在秦楼楚馆觥筹交错之际，由二八少女莺莺唱来的吗？玩儿，本身是一种纯粹的兴趣，而不是逐利的生意。

看了又看

为学之道，圣贤教人，说得甚分晓。大抵学者读书，务要穷究。“道问学”是大事。要识得道理去做人。大凡看书，要看了又看，逐段、逐句、逐字理会，仍参诸解、传，说教通透，使道理与自家心相肯，方得。读书要自家道理浃洽透彻。杜元凯云：“优而柔之，使自求之，厌而饫之，使自趋之。若江海之浸，膏泽之润，涣然冰释，怡然理顺，然后为得也。”（《朱子语类》）

读书别无法，只管看，便是法。正如呆人相似，捱来捱去。自己却未先要立意见，且虚心，只管看。看来看去，自然晓得。某那《集注》都详备，只是要人看无一字闲。那个无紧要闲底字，越要看。自家意里说是闲字，那个正是紧要字。上蔡云“人不可无根”，便是难。所谓根者，只管看，便是根，不是外面别讨个根来。（《朱子语类》）

曹雪芹《红楼梦》第四十一回里，妙玉对品茶有这样一番说法：“一杯为品，二杯即是解渴的蠢物，三杯便是饮驴了。”品茶是精致的消遣，而读书是精致的文化。囫囵吞枣、不求甚解，岂不辜负了一本好书吗？

焚琴煮鹤

或问："向蒙见教，读书须要涵泳，须要浃洽。因看孟子千言万语，只是论心。七篇之书如此看，是涵泳工夫否？"曰："某为见此中人读书大段卤莽，所以说读书须当涵泳，只要仔细看玩寻绎，令胸中有所得尔。如吾友所说，又衬贴一件意思，硬要差排，看书岂是如此？"（《朱子语类》）

一本真正的好书，正如散发陈香的美酒一般，需要用心地品尝：轻轻摇匀，观色，闻香，然后入口之际，自然唇齿留香。一目十行，不求甚解，恐便辜负佳酿、焚琴煮鹤了。

有疑惑才有突破

“学者读书，须是于无味处当致思焉。至于群疑并兴，寝食俱废，乃能骤进。”因叹：“骤进二字，最下得好，须是如此。若进得些子，或进或退，若存若亡，不济事。如用兵相杀，争得些儿小可一二十里地，也不济事。须大杀一番，方是善胜。为学之要，亦是如此。”（《朱子语类》）

人生如求学，疑惑处便是突破处，上下求索之后而终于豁然开朗，此时便已在另一番境界了。

治学当如老吏断案

看文字，正如酷吏之用法深刻，都没人情，直要做到底。若只恁地等闲看过了，有甚滋味！大凡文字有未晓处，须下死工夫，直要见得道理是自家底，方住。（《朱子语类》）

提到中国历史上最有名的酷吏，许多人会自然而然地想到西汉张汤的名字。据说他年少时，父亲一次外出，留他守护家舍。父亲回来后，发现家中的肉被老鼠偷吃了，大怒，鞭笞了张汤。张汤掘开老鼠洞，抓住了偷肉的老鼠，并找到了吃剩下的肉，然后立案拷掠审讯这只老鼠，传布文书再审，彻底追查，并把老鼠和吃剩下的肉都取来，罪名确定，将老鼠在堂下处以磔刑。张汤的父亲看见后，把他审问老鼠的文辞取来看过，文字如同办案多年的老狱吏，父亲非常惊奇，于是让他书写治狱的文书。

治狱与治学都是同样的道理：锲而不舍。

道理从哪儿来

读书，放宽着心，道理自会出来。若忧愁迫切，道理终无缘得出来。（《朱子语类》）

两个世纪之前，没有人相信铁质的轮船能够漂洋过海；一个世纪之前，没有人相信人能够乘着机器翱翔蓝天。

知识，其实就是变为现实的梦想，而能够放飞梦想的，只有自由的心灵。灵感是梦想的翅膀，它是如此轻盈，载不动沉重、焦虑的内心！

放下怀抱，心就一飞冲天

写字不要好时，却好。（《朱子语类》）

东汉书法家蔡邕说：“书者，散也。欲书先散怀抱。”书法，是自由的心画，翩若惊鸿、矫若游龙的笔迹，绝不是刻意做作可以雕塑而成的。

最怕“身未动，心已远”

伊川先生曰：“古之学者，优柔厌饫，有先后次序。今之学者，却只做一场话说，务高而已。常爱杜元凯语：‘若江海之浸，膏泽之润，涣然冰释，怡然理顺，然后为得也。’今之学者，往往以游、夏为小，不足学。然游、夏一言一事，却总是实。后之学者好高，如人游心于千里之外，然自身却只在此。”（《近思录》）

在很久以前，泰国有个叫奈哈松的人，一心想要成为一个富翁。而他觉得要成为富翁的捷径便是学会炼金之术。

于是他把全部的时间、金钱和精力，都用在了炼金术的实验中。不久以后他花光了自己的全部积蓄，家中变得一贫如洗，连饭都没得吃了。妻子无奈，跑到父亲那里诉苦。她父亲决定帮女婿改掉恶习。

他让奈哈松前来相见，并对他说：“我已经掌握了炼金之术，只是现在还缺少一样炼金的东西……”

“快告诉我还缺少什么？”奈哈松急切地问道。

“那好吧，我可以让你知道这个秘密。我需要三公斤香蕉叶下的白色绒毛。这些绒毛必须是你自己种的香蕉树上的。等到收齐绒毛后，我便告诉你炼金的方法。”

奈哈松回家后立刻将已荒废多年的田地种上了香蕉。为了尽快凑齐绒毛，他除了耕种以前自家就有的田地外，还开垦了大量的荒地。当香蕉长熟后，他便小心地从每片香蕉叶下收刮白绒毛。而他的妻子和儿女则抬着一串串香蕉到市场上去卖。就这样，十年过去了，奈哈松终于收集够了三公斤绒毛。这天，他一脸兴奋地拿着绒毛来到岳父家里，向岳父讨要炼金之术。

岳父指着院中的一间房子说：“现在，你把那边的房门打开看看。”

奈哈松打开了那扇门，立即看到满屋金光，竟全是黄金，他的妻子、儿女都站在屋中间。妻子告诉他，这些金子都是他这十年里种的香蕉换来的。面对着满屋实实在在的黄金，奈哈松恍然大悟。

事情就是这样，捷径往往是条不归路；而那些踏踏实实在正道上走着的人，总能如愿到达终点。

得寸进尺

读书，只逐段逐些仔细理会。小儿读书所以记得，是渠不识后面字，只专读一进耳。今人读书，只衮衮读去。假饶读得十遍，是读得十遍不曾理会得底书耳。“得寸，则王之寸也；得尺，则王之尺也。”读书当如此。（《朱子语类》）

读书，是辛勤耕耘的劳动，而不是走马观花的消遣。每一寸，每一尺，都是功夫与智慧的累积。

文火慢炖

学者理会道理，当深沉潜思。又曰："读书如炼丹，初时烈火锻煞，然后渐渐慢火养。又如煮物，初时烈火煮了，却须慢火养。读书初勤敏着力，仔细穷究，后来却须缓缓温寻，反复玩味，道理自出。又不得贪多欲速，直须要熟，工夫自熟中出。文卿病在贪多欲速。"（《朱子语类》）

今人读书，看未到这里，心已在后面；才看到这里，便欲舍去了。如此，只是不求自家晓解。须是徘徊顾恋，如不欲去，方会认得。（《朱子语类》）

醍醐灌顶、豁然开朗的境界，是不懈修行的最终成果。如果说悟道像潜移默化的生根发芽、开枝散叶，那么，彻悟的一瞬才是绽开的花朵。

水到渠成

读书推类反求，固不害为切己，但却又添了一重事。不若且依文看，逐处各自见个道理。久之自然贯通，不须如此费力也。（《朱子语类》）

诸生看《大学》未晓，而辄欲看《论语》者，责之曰："公如吃饭一般，未曾有颗粒到口，如何又要吃这般，吃那般！这都是不曾好生去读书。某尝谓人看文字晓不得，只是未曾着心。文字在眼前，他心不曾着上面，只是恁地略绰将过，这心元不曾伏杀在这里。看他只自恁地豹跳，不肯在这里理会，又自思量做别处去。这事未了，又要寻一事做，这如何要理会得！今之学者看文字，且须压这心在文字上。逐字看了，又逐句看；逐句看了，又逐段看，未有晓不得者。"（《朱子语类》）

读书是格物一事。今且须逐段仔细玩味，翻来覆去，或一日，或两日，只看一段，则这一段便是我底。脚踏这一段了，又看第二段。如此逐旋捱去，捱得多后，却见头头道理都到。这工大须用行思坐想，或将已晓得者再三思省，却自有一个晓悟处出，不容安排也。书之句法义理，虽只是如此解说，但一次看，有一次见识。所以某书，一番看，有一番改。亦有已说定，一番看，一番见得稳当。愈加分晓。故某说读书不贵多，只贵熟尔。然用工亦须是勇做进前去，莫思退转，始得。（《朱子语类》）

人们常说，书山有路，学海无涯。无论山中独步，抑或扬帆行船，旅途总要一程一程地走，风景总要一道一道地看。不必过于心急想要阅尽千帆，因为这安步当车的旅途本身也能让人拾得许多快乐，至于最终的目的地，只要脚步不停，终会到达。

切莫急于求成

某是自十六七时下工夫读书，彼时四旁皆无津涯，只自恁地硬着力去做。至今日虽不足道，但当时也是吃了多少辛苦，读了书。今人卒乍便要读到某田地，也是难。要须积累着力，方可。某今老而将死，所望者，但愿朋友勉力学问而已！（《朱子语类》）

20 世纪最初的几十年里，在太平洋两岸的美国和日本，有两个年轻人都在为自己的人生努力着。

日本人每月雷打不动地坚持把工资和奖金的三分之一存入银行，尽管许多时候他这样做会让自己手头拮据，但他仍咬咬牙照存不误。有时甚至借钱维持生计也从来不去动银行的存款。

相比之下，那个美国人的情况就更糟糕了，他整天躲在狭小的地下室里，将数百万根的 K 线一根根地画到纸上，贴到墙上，接下来便对着这些 K 线静静地思索，有时他甚至能面对着一张 K 线图发几个小时的呆。后来他干脆把美国证券市场有史以来的记录搜集到一起，在那些杂乱无章的数据中寻找着规律性的东西。由于没有客户，挣不到薪金，许多时候这个美国人不得不靠朋友的接济勉强度日。

这样的情况在两个年轻人的世界里各自延续了整整六年。

六年的时光里，日本人靠自己的勤俭积蓄了五万美元的存款；美国人集中研究了美国证券市场的走势与数学、几何学和星象学的关系。

六年后，日本人用自己在艰苦的岁月里仍坚持节衣缩食积累财富的经历打动了一名银行家。从银行家那儿获得了创业所需的一百万美元贷款，创立了麦当劳在日本的第一家分公司，从而成为麦当劳日本连锁公司的掌门人。他叫藤田田。

同样是在六年后，美国人成立了自己的经纪公司，并发明了最重要的有关证券市场发展趋势的预测方法，他把这一方法命名为“控制时间因素”。他在金融投资生涯中赚取了五亿美元的财富，成为华尔街靠研究理论而白手起家的神话人物。他叫威廉·江恩，证券行业最重要的“波浪理论”的创始人。如今，他的理论被译成了十几种文字，成为世界各地金融领域从业人员的必备知识。

在现实世界里，每个年轻人都有梦想，都渴望成功，然而志大才疏往往是阻碍年轻人成功的最大障碍。他们看到的只是成功人士功成名就时的辉煌，却往往忽略了他们在此之前所进行的艰苦卓绝的努力。而事实上，人世间没有一蹴而就的成功，任何人都只有通过不断的努力才能凝聚起改变自身命运的爆发力。

成功需要积累，这是一条最原始也最简单的真理。

放下执念

读书若有所见，未必便是，不可便执着。且放在一边，益更读书，以来新见。若执着一见，则此心便被此见遮蔽了。譬如一片净洁田地，若上面才安一物，便须有遮蔽了处。圣人七通八达，事事说到极致处。学者须是多读书，使互相发明，事事穷到极致处。所谓“本诸身，征诸庶民，考诸三王而不缪，建诸天地而不悖，质诸鬼神而无疑，百世以俟圣人而不惑”。直到这个田地，方是。《语》云：“执德不弘。”《易》云：“宽以居之。”圣人多说个广大宽洪之意，学者要须体之。（《朱子语类》）

著名书法家胡问遂先生，曾经留下与学生之间的这样一段故事。胡先生的一位高足将自己新近创作的行草尺牍交与胡先生过目。字，的确是萧散闲远，有魏晋遗韵。学生满心以为会得到胡先生的称赞，没想到胡先生说：“既已得之，胡不弃之？”——既然你已经学成了这种风格，为什么还死抱着它不放呢？学生很不理解，自己好不容易学成的艺术风格,如何能够轻易放弃呢?胡先生解释说:“古来大书家,都是一日一面目!”学成的风格,是昨日努力的成就,也是明日进步的桎梏,放不下昨天的自己,怎么能到达更加美好的未来呢?

生生不息

君子之学必日新。日新者，日进也。不日新者，必日退，未有不进而不退者。惟圣人之道，无所进退，以其所造者极也。（《近思录》）

进学如蝉蜕，放弃昨日陈腐的自我，才能迎来明天的新生。

革故鼎新

学者不可只管守从前所见，须除了，方见新意。如去了浊水，然后清者出焉。（《朱子语类》）

学问的意义，不在于灌输给我们什么永恒不变的真理，而在于启发我们产生认识世界、探索宇宙的新观念与新角度。这世界并不存在一成不变的定论，如果非要有一个定论，那或许就只有这样四个字：革故鼎新。

余音绕梁

读书之法：读一遍了，又思量一遍；思量一遍，又读一遍。读诵者，所以助其思量，常教此心在上面流转。若只是口里读，心里不思量，看如何也记不仔细。又云：“今缘文字印本多，人不着心读。汉时诸儒以经相授者，只是暗诵，所以记得牢，故其所引书句，多有错字。如《孟子》所引《诗》《书》亦多错，以其无本，但记得耳。”（《朱子语类》）

传说战国时期，一位叫韩娥的女子辗转来到齐国，因为一路饥饿，断粮已经数日，不得已在临淄城西南门卖唱求食。她的声音是如此美妙婉转，深深地打动了听众的心弦，以至于三天以后，人们似乎还听到她歌声的余音在房梁间缭绕，于是便传出了韩娥之歌“余音绕梁，三日不绝”的佳话。

其实歌声并非绕梁三日，而是在人们的脑海中萦绕不去。余味无穷，只是因为思之不已，读书也是同理。

探索与发现

为学读书，须是耐烦细意去理会，切不可粗心。若曰何必读书，自有个捷径法，便是误人底深坑也。未见道理时，恰如数重物色包裹在里许，无缘可以便见得。须是今日去了一重，又见得一重；明日又去了一重，又见得一重。去尽皮，方见肉；去尽肉，方见骨；去尽骨，方见髓。使粗心大气不得。（《朱子语类》）

有人说读书如抽丝剥茧，有人说读书如曲径通幽。无论如何说，总是告诉我们，学问的奥秘不是一览无余，而是含蓄蕴藉。每进一层，便有一层的美景；每进一层，便有一层的惊喜。这或许就是学问乃至人生的魅力所在吧。

计日程功

读书不可不先立程限。政如农功，如农之有畔。为学亦然。今之始学者不知此理，初时甚锐，渐渐懒去，终至都不理会了。此只是当初不立程限之故。（《朱子语类》）

1984 年的东京国际马拉松邀请赛，一位名不见经传的日本选手山田本一出人意料夺得了世界冠军。当时有记者问他凭什么取得如此惊人的成绩时，他说了这么一句话：“凭智慧战胜了对手。”当时，许多人认为这个偶然跑到前面的矮个子选手是在“故弄玄虚”，为自己的好运打圆场。然而，十年之后，这个谜底被最终揭开了。山田本一在自传中这样写道：“每次比赛之前，我都要把比赛的路线仔细看一遍，并把沿途比较醒目的标志画下来。比如第一个标志是一家银行，第二个标志是一棵大树，第三个标志是一座红房子……这样一直画到赛程的终点。比赛开始后，我就以百米冲刺的速度，奋力地向第一个目标冲去，过了第一个目标后，我又以同样的速度向第二个目标冲去。起初，我并不懂这样的道理，常常把目标定在四十公里之外终点的那面旗帜上，结果我跑到十几公里时就疲惫不堪了。我被前面那段遥远的路程给吓倒了……”

是的，成功的秘诀也许就在于设定目标的技巧，将一张宏伟的蓝图化整为零，就有可能在这一步一步的努力中实现最终的梦想。

绝不苟且

读书须将心贴在书册上，逐句逐字，各有着落，方始好商量。大凡学者须是收拾此心，令专静纯一，日用动静间都无驰走散乱，方始看得文字精审。如此，方是有本领。（《朱子语类》）

近日真个读书人少，也缘科举时文之弊也，才把书来读，便先立个意思，要讨新奇，都不理会他本意着实。才讨得新奇，便准拟作时文使，下梢弄得熟，只是这个将来使。虽是朝廷甚么大典礼，也胡乱信手捻合出来使，不知一撞百碎。前辈也是读书。某曾见大东莱吕居仁之兄，他于“六经”“三传”皆通，亲手点注，并用小圈点。注所不足者，并将疏楷书，用朱点。无点画草。某只见他《礼记》如此，他经皆如此。诸吕从来富贵，虽有官，多是不赴铨，亦得安乐读书。他家这法度却是到伯恭打破了。自后既弄时文，少有肯如此读书者。（《朱子语类》）

梁启超曾经说过，清代学者最大的成功，便是能够从细微的地方，从前人不注意的地方着手，以严密的推理和细致的考证得出令人惊喜的结论。而要做到这一点，最要紧的就是谨严诚敬，一字一句都不得放过。不苟且，这不仅仅是一种读书的态度，更是一种人生的态度。

倾听与思考

读书，且须熟读玩味，不必立说，且理会古人说教通透。如《语孟集义》中所载诸先生语，须是熟读，一一记放心下，时时将来玩味，久久自然理会得。今有一般学者，见人恁么说，不穷究它说是如何，也去立一说来搀说，何益于事！只赢得一个理会不得尔。（《朱子语类》）

倾听与思考，有时远比急急发言来得有益。

守护正念

今日学者不长进，只是“心不在焉”。尝记少年时在同安，夜闻钟鼓声，听其一声未绝，而此心已自走作，因此警惧，乃知为学须是专心致志。又言：“人有一正念，自是分晓。又从旁别生一小念，渐渐放阔去，不可不察。”（《朱子语类》）

对于名人，好事者总会从他们的人生经历中发掘出一些少赋异禀的故事。美国政治家富兰克林或许也是其中之一。

据说富兰克林自幼酷爱读书。但因家贫，常常饿肚子省钱买书读。

某一天，富兰克林在路上看到一位白发老妪，饿得走不动了，便将自己仅有的一块面包送给她。老妪见富兰克林也是一副穷人模样，不忍收下。

“你吃吧，我包里有的是。”富兰克林说着拍拍那只装满书籍的背包。

老妪吃着面包，只见富兰克林从背包里抽出一本书，津津有味地读起来。“孩子，你怎么不吃面包啊？”老妪问道。富兰克林笑着回答说：“读书的滋味要比吃面包好多了！”

勤加守护超越本能欲望的追求，人才可能实现突破。

“扎硬寨，打死仗”

因言读书用功之难：“诸公觉得大故浅近，不曾着心。某旧时用心甚苦。思量这道理，如过危木桥子，相去只在毫发之间，才失脚，便跌落下去！用心极苦。五十岁以后，觉得心力短，看见道理只争丝发之间，只是心力把不上。所以《大学》《中庸》《语》《孟》诸文字，皆是五十岁以前做了。五十以后，长进得甚不多。而今人看文字，全然心粗。未论说道理，只是前辈一样文士，亦是用几多工夫，方做得成，他工夫更多。若以他这心力移在道理上，那里得来！如韩文公《答李翊》一书，与老苏《上欧阳公书》，他直如此用工夫！未有苟然而成者。欧阳公则就作文上改换，只管揩磨，逐旋捱将去，久之，渐渐揩磨得光。老苏则直是心中都透熟了，方出之于书。看他们用工夫更难，可惜！若移之于此，大段可畏。看来前辈以至敏之才而做至钝底工夫，今人以至钝之才而欲为至敏底工夫，涉猎看过，所以不及古人也。故孔子曰：‘参也鲁。’须是如此做工夫始得。”（《朱子语类》）

读书虽是文事，却也需要“扎硬寨，打死仗”方可得。

舍己从人

读书须是虚心，方得。他圣人说一字是一字，自家只平着心去秤停他，都不使得一毫杜撰，只顺他去。某向时也杜撰说得，终不济事。如今方见得分明，方见得圣人一言一字不吾欺。只今六十一岁，方理会得恁地。若或去年死，也则枉了。自今夏来，觉见得才是圣人说话，也不少一个字，也不多一个字，恰恰地好，都不用一些穿凿。庄子云："吾与之虚而委蛇。"既虚了，又要随他曲折恁地去。今且与公说个样子，久之自见。今人大抵偪塞满胸，有许多伎俩，如何便得他虚？亦大是难。分明道"知至而后意诚"，盖知未至，虽见人说，终是信不过。今说格物，且只得一件两件格将去，及久多后，自然贯通信得。（《朱子语类》）

读书须是虚心切己。虚心，方能得圣贤意；切己，则圣贤之言不为虚说。（《朱子语类》）

看文字须是虚心。莫先立己意，少刻多错了。又曰：

“虚心切己。虚心则见道理明；切己自然体认得出。”（《朱子语类》）

凡看书，须虚心看，不要先立说。看一段有下落了，然后又看一段。须如人受词讼，听其说尽，然后方可决断。（《朱子语类》）

借鉴他人的思想，才能磨砺自己的智慧；附会穿凿，是己非人，终将一叶障目，不见泰山。

虚室生白

语敬子曰："读书须是心虚一而静，方看得道理出。而今自家心只是管外事，硬定要如此，要别人也如此做，所以来这里看许多时文字，都不济事，不曾见有长进。是自家心只在门外走，与人相抵拒在这里，不曾入得门中，不知屋里是甚模样。这道理本自然，不消如此。如公所言，说得都是，只是不曾自理会得公身上事，所以全然无益。只是硬桩定方法抵拒将去，全无自然意思，都无那活底水，只是聚得许多死水。"李曰："也须是积将去。"曰："也只积得那死水，那源头活水不生了。公只是每日硬用力推这车子，只见费力。若是有活水来，那车子自转，不用费力。"李曰："恐才如此说，不善听者放宽，便不济事。"曰："不曾教你放宽。所以学问难，才说得宽，便不着紧；才太紧，又不济事。宽固是便狼狈，然紧底下梢头也不济事。"（《朱子语类》）

一只中空的瓷瓶，才存得下芬芳的佳酿；一颗谦虚而包容的心灵，才听得进智慧的美言。

活学与活用

今人读书，多不就切己上体察，但于纸上看，文义上说得去便了。如此，济得甚事！“何必读书，然后为学？”子曰：“是故恶夫佞者！”古人亦须读书始得。但古人读书，将以求道。不然，读作何用？今人不去这上理会道理，皆以涉猎该博为能，所以有道学、俗学之别。（《朱子语类》）

文字是物化的思想，按图索骥，不过描个前人的死样子罢了。只有善于变通的头脑，才能激活文字里的智慧之光。

道理和偶像

（朱子）提案上药囊起，曰：“如合药，便要治病，终不成合在此看。如此，于病何补！文字浩瀚，难看，亦难记。将已晓得底体在身上，却是自家易晓易做底事。解经已是不得已，若只就注解上说，将来何济！如画那人一般，画底却识那人。别人不识，须因这画去求那人，始得。今便以画唤做那人，不得。”（《朱子语类》）

道理是用来躬行的，偶像是用来崇拜的。道理是道理，偶像是偶像。偶像是救不了人的，只有你心中的理变成脚下的道，才能渡己渡人。

祭台上的刍狗

经之有解，所以通经。经既通，自无事于解，借经以通乎理耳。理得，则无俟乎经。今意思只滞在此，则何时得脱然会通也。且所贵乎简者，非谓欲语言之少也，乃在中与不中尔。若句句亲切，虽多何害。若不亲切，愈少愈不达矣！某尝说：“读书须细看得意思通融后，都不见注解，但见有正经几个字在，方好。”（《朱子语类》）

庄子曾经说，一只草扎的刍狗，在祭祀时放在祭台之上，被人端端地供着。等到祭祀仪式结束的那一刻，便被人无情地扔在路边，再也不屑一顾。祭祀要的是敬天法祖，心意既然已经表达完整，刍狗自然没了用处。

读书为的是明达事理。事理既明，还死抱着书本，岂不与供着祭毕的刍狗一样可笑吗？

学问贵在躬行实用

若不用躬行，只是说得便了，则七十子之从孔子，只用两日说便尽，何用许多年随着孔子不去。不然，则孔门诸子皆是呆无能底人矣！恐不然也。古人只是日夜皇皇汲汲，去理会这个身心。到得做事业时，只随自家分量以应之。如由之果，赐之达，冉求之艺，只此便可以从政，不用他求。若是大底功业，便用大圣贤做；小底功业，便用小底贤人做。各随他分量做出来，如何强得。（《朱子语类》）

晚清时代的湘军名将鲍超，在战场上是一员令敌人闻风丧胆的虎将，他所率领的“霆军”也是湘军中最英勇善战的部队。据说英法联军攻入北京，咸丰皇帝出逃热河时，第一时间想到的便是调“霆军”北上，勤王救驾。

但鲍超虽然武功盖世，却胸无点墨。有一次，他的部队被太平军包围，情况十分危机。燃眉之际，鲍超让幕僚师爷草拟一封救援信，赶紧寄予后方的曾国藩。

师爷字斟句酌，许久都没有把这封十万火急的信函写就。鲍超见状，从师爷手中夺过笔来，在信纸上画一个圈，其中写个“包”字，命人即刻将此信发出。而曾国藩的援军在收到这封史上最简洁的救援信后果然如期而至，解了“霆军”之围。

学问应该注重的是实效，而非花哨的腔调。一封骈四俪六、文采斐然的救援信，如果贻误战机，又有何益呢？

生命之轮

“今学者皆是就册子上钻，却不就本原处理会，只成讲论文字，与自家身心都无干涉。须是将身心做根柢。”德明问：“向承见教，须一面讲究，一面涵养，如车两轮，废一不可。”曰：“今只就文字理会，不知涵养，便是一轮转，一轮不转。”问：“今只论涵养，却不讲究，虽能闲邪存诚，惩忿窒欲，至处事差失，则奈何？”曰：“未说到差处，且如所谓‘居处恭，执事敬’，若不恭敬，便成放肆。如此类不难知，人却放肆不恭敬。如一个大公至正之路甚分明，不肯行，却寻得一线路与自家私道合，便称是道理。今人每每如此。”（《朱子语类》）

积累与领悟，如车两轮，缺一不可，若只一路随波逐流地活下去，而不勤加参详此生的意义，生命便难免流入旁门左道。

当断则断

问："当官事多，胶胶扰扰，奈何？"曰："他自胶扰，我何与焉？濂溪云：'定之以中正仁义而主静。'中与仁是发动处，正是当然定理处，义是截断处，常要主静。岂可只管放出不收敛！'截断'二字最紧要。"（《朱子语类》）

喧闹的世界，忙碌的生活，不为心灵留一片净土，又哪里容得下清茶一杯、诗书数卷呢？

人生只在功夫深浅

广云："昨日闻先生教诲做工夫底道理。自看得来，所以无长进者，政缘不曾如此做工夫，故于看文字时不失之肤浅，则入于穿凿。今若据先生之说，便如此着实下工夫去，则一日须有一日之功，一月须有一月之功，决不到虚度光阴矣。"先生曰："昨日也偶然说到此。某将谓凡人读书都是如此用功，后来看得却多不如此。盖此个道理问也问不尽，说也说不尽，头绪尽多，须是自去看。看来看去，则自然一日深似一日，一日分晓似一日，一日简易似一日，只是要熟。孟子曰：'仁，亦在乎熟之而已。'熟，则一唤在面前。不熟时，才被人问着，便须旋去寻讨，迨寻讨得来时，意思已不如初矣。"（《朱子语类》）

坊间传说，北宋开国宰相赵普，是一个极富智慧的政治家，但是他读书不多，有所领悟者大概不出一部《论语》。太宗皇帝赵光义曾问赵普，读书如此之少，将何以辅佐自己开一代盛世。赵普谦虚地回答："臣平生所知，大概就限于这部《论语》。往年曾以半部《论语》辅佐太祖皇帝赵匡胤平定天下，而今将以剩下半部辅佐陛下开一世太平。”

人生的道理不是银行卡上的数字游戏，多寡尚在其次，领悟深浅才至关重要。

暗香浮动

陈才卿说《诗》。先生曰："谓公不晓文义，则不得，只是不见那好处。正如公适间说穷理，也知事事物物皆具此理，随事精察，便是穷理，只是不见所谓好处。所谓'民生日用而不知'，所谓'小晓得而大不晓得'，这个便是大病！某也只说得到此，要公自去会得。"久之，又曰："大凡事物须要说得有滋味，方见有功。而今随文解义，谁人不解？须要见古人好处。如昔人赋梅云：'疏影横斜水清浅，暗香浮动月黄昏。'这十四个字，谁人不晓得？然而前辈直恁地称叹，说他形容得好，是如何？这个便是难说，须要自得言外之意始得。须是看得那物事有精神，方好。若看得有精神，自是活动有意思，跳踯叫唤，自然不知手之舞，足之蹈。这个有两重：晓得文义是一重，识得意思好处是一重。若只是晓得外面一重，不识得他好底意思，此是一件大病。如公看文字，都是如此。且如公看《诗》，自宣王中兴诸诗至此。公于其他诗都说来，中间有一诗最好，如《白驹》是也，公却不曾说。这个便见公不曾看得那物事出，谓之无眼目。若是具眼底人，此等诗如何肯放过！只是看得无意思，不见他好处，所以如此。”又曰：“须是踏翻了船，通身都在那水中，方看得出！”（《朱子语类》）

言外之意，弦外之音，恰如暗香浮动，只用眼看，终是不能领会。

谈资与领悟

今须先正路头，明辨为己为人之别，直见得透，却旋旋下工夫；则思虑自通，知识自明，践履自正。积日累月，渐渐熟，渐渐自然。若见不透，路头错了，则读书虽多，为文日工，终做事不得。比见浙间朋友，或自谓能通《左传》，或自谓能通《史记》；将孔子置在一壁，却将左氏司马迁驳杂之文钻研推尊，谓这个是盛衰之由，这个是成败之端。反而思之，干你身己甚事？你身己有多多少少底事合当理会，有多多少少底病未曾去，却来说甚盛衰兴亡治乱，这个直是自欺！（《朱子语类》）

书籍，是奉养精神的粮食，而非茶余饭后的谈资。

越说越复杂，越做越简单

请问为学之要。曰："公所条者便是。须于日用间下工，只恁说归虚空，不济事。温凊定省，这四事亦须实行方得；只指摘一二事，亦岂能尽？若一言可尽，则圣人言语岂止一事？圣人言语明白，载之书者，不过孝弟忠信。其实精粗本末，只是一理。圣人言'致知、格物'，亦岂特一二而已？如此则便是德孤。致，推致也；格，到也。亦须一一推到那里方得。"（《朱子语类》）

道理与学问，总是越说越复杂，越做越简单。

仁学的要义

曰："'为人君，止于仁'，姑息也是仁，须当求其所以为仁；'为臣，止于敬'，擎跽曲拳也是敬，亦当求其所以为敬。且如公自浦城来崇安，亦须遍历崇安境界，方是到崇安。人皆有是良知，而前此未尝知者，只为不曾推去尔。爱亲从兄，谁无是心？于此推去，则温凊定省之事，亦不过是爱。自其所知，推而至于无所不知，皆由人推耳。"子昂曰："敢问推之之说？"曰："且如孝，只是从爱上推去，凡所以爱父母者，无不尽其至。不然，则曾子问孝至末梢，却问'子从父之令，可以为孝乎？'盖父母有过，己所合诤，诤之亦是爱之所推。不成道我爱父母，姑从其令。"（《朱子语类》）

人生的秘诀，只是"推己达人"四字而已。

自有心得

读书之法，既先识得他外面一个皮壳了，又须识得他里面骨髓方好。如公看《诗》，只是识得个模像如此，他里面好处，全不见得。自家此心都不曾与他相黏，所以眊燥，无汁浆。如人开沟而无水，如此读得何益！未论读古人书，且如一近世名公诗，也须知得他好处在那里。如何知得他好处？亦须吟哦讽咏而后得之。今人都不曾识：好处也不识，不好处也不识；不好处以为好者有之矣，好者亦未必以为好也。其有知得某人诗好，某人诗不好者，亦只是见已前人如此说，便承虚接响说取去。如矮子看戏相似，见人道好，他也道好。及至问着他那里是好处？元不曾识。举世皆然，只是不曾读。熟读后自然见得。“人而不为《周南》《召南》，其犹正墙面而立也与！”今公读“二南”了，还能不正墙面而立否？意思都不曾相黏，济得甚事！前日所举韩退之苏明允二公论作文处，他都是下这般工夫，实见得那好处，方做出这般文章。他都是将三代以前文字熟读后，故能如此。如向者吕子约书来，说近来看《诗》甚有味，录得一册来，尽是写他读《诗》有得处。及观之，尽是说《诗序》！如《关雎》只是说一个“后妃之德也”，《葛覃》只是说得个“后妃之本”与“化天下以妇道也”。自“关关雎鸠”“葛之覃兮”已下，更不说着。如此读《诗》，是读个其么？吕伯恭《大事纪》亦是如此，尽是编排《诗序》《书序》在上面。他们读书，尽是如此草草。以言事，则不实；以立辞，则害意。（《朱子语类》）

读书做人的乐趣，在于自有心得，而非随声附和。

集腋成裘

“读书，须立下硬寨，定要通得这一书，方看第二书。若此书既晓未得，我宁死也不看那个！如此立志，方成工夫。”郭德元言：“记书不得。”曰：“公不可欲速，且读一小段。若今日读不得，明日又读；明日读不得，后日又读，须被自家读得。若只记得字义训释，或其中有一两字漏落，便是那腔子不曾填得满，如一个物事欠了尖角处相似。少间自家做出文字，便也有所欠缺，不成文理。尝见蕃人及武臣文字，常不成文理，便是如此。他心中也知得要如此说，只是字义有所欠缺，下得不是。这个便是‘不得于言，勿求于心’之患。是他心有所蔽，故如此。司马迁《史记》用字也有下得不是处。贾谊亦然，如《治安策》说教太子处云：‘太子少长知妃色，则入于学。’这下面承接，便用解说此义；忽然掉了，却说上学去云：‘学者所学之官也。’又说‘帝入东学，上亲而贵仁’一段了，却方说上太子事，云‘及太子既冠成人，免于保傅之严’云云，都不成文义，更无段落。他只是乘才快，胡乱写去，这般文字也不可学。董仲舒文字却平正，只是又困。董仲舒、匡衡、刘向诸人文字，皆善弱无气焰。司马迁、贾生文字雄豪可爱，只是逞快，下字时有不稳处，段落不分明。匡衡文字却细密，他看得经书极仔细，能向里做工夫，只是做人不好，无气节。仲舒读书不如衡仔细，疏略甚多，然其人纯正开阔，衡不及也。”（《朱子语类》）

一件精致的狐白裘，尚需辛苦地缝制，更何况是人类的智慧呢？

温故知新

看道理，若只恁地说过一遍便了，则都不济事。须是常常把来思量，始得。看过了后，无时无候，又把起来思量一遍。十分思量不透，又且放下，待意思好时，又把起来看。恁地，将久自然解透彻。延平先生尝言："道理须是日中理会，夜里却去静处坐地思量，方始有得。"某依此说去做，真个是不同。（《朱子语类》）

曰："荀子云：'诵数以贯之，思索以通之。'诵数，即今人读书记遍数也，古人读书亦如此。只是荀卿做得那文字不帖律处也多。"（《朱子语类》）

读书须是成诵，方精熟。今所以记不得，说不去，心下若存若亡，皆是不精不熟之患。若晓得义理，又皆记得，固是好。若晓文义不得，只背得，少间不知不觉，自然相触发，晓得这义理。盖这一段文义横在心下，自是放不得，必晓而后已。若晓不得，又记不得，更不消读书矣！横渠说："读书须是成诵。"今人所以不如古人处，只争这些子。古人记得，故晓得；今人卤莽，记不得，故晓不得。紧要处、慢处，皆须成诵，自然晓得也。今学者若已晓得大义，但有一两处阻碍说不去，某这里略些数句发动，自然晓得。今诸公尽不曾晓得，纵某多言何益！无他，只要熟看熟读而已，别无方法也。（《朱子语类》）

讲究义理，不下得工夫也不得；如举业不下得功夫，也不解精。老苏年已壮方学文，煞用力，到所谓"若人之言固当然者"，这处便是悟。做文章合当如此，亦只是熟，便如此。恰如自家们讲究义理到熟处，悟得为人父，确然是止于慈；为人子，确然是止于孝。老苏文豪杰，只是熟。子由取他便远。（《朱子语类》）

在武汉大学的图书馆里，至今保存着著名学者黄侃先生的读书手稿。对读书，黄侃总是一看再看，据说一本《说文解字》，他曾经前后研读过十七遍之多。正是周而复始的学习，才造就了后来的国学大师。

学问，不是走马观花，必须温故，才能知新。

绣花针功夫

问："讲学须当志其远者、大者。"曰："固是。然细微处亦须研究。若细微处不研究，所谓远者、大者，只是揣作一头诡怪之语，果何益？须是知其大小，测其浅深，又别其轻重。"因问："平时读书，因见先生说，乃知只得一模样耳。"曰："模样亦未易得，恐只是识文句。"（《朱子语类》）

著名历史学家傅斯年，生平最注重史料的搜集与整理，善于从细微的发现中总结出重要的结论。

老师胡适曾经这样评价他道："人间一个最稀有的天才。他的记忆力最强，理解力也最强。他能做最细密的绣花针功夫，他又有最大胆的大刀阔斧本领。他是最能做学问的学人，同时他又是最能办事、最有组织才干的天生领袖人物。他的情感是最有热力，往往带有爆炸性的；同时，他又是最温柔、最富于理智、最有条理的一个可爱可亲的人。这都是人世最难得合并在一个人身上的才性，而我们的孟真确能一身兼有这些最难兼有的品性与才能。”

能于人不疑处有疑，便找到了打开学术之门的钥匙，而要找到这把钥匙，就必须注重细节。

放飞和放逐

德辅言："今人看文字义理，如何得恁不细密？"曰："只是不曾仔细读那书，枉用心，错思了。孔子说：'吾尝终日不食，终夜不寝，以思，无益，不如学也。'正谓这样底。所谓'思而不学则殆'，殆者，心隍杌危殆不安。尹和靖读得伊川说话煞熟，虽不通透，渠自有受用处。吕坚中作尹《墓志》《祭文》云，尹于'六经'之书，'耳顺心通，如诵己言'。尝爱此语说得好，但和靖却欠了思。"（《朱子语类》）

思想是一只放飞的风筝，但若没有专注的丝线为之牵引，便将放逐于无边的暗夜。

一颗心要在躯壳里

郑昭先景绍请教。曰："今人却是倒置。古人学而后仕，今人却反仕而后学。其未仕也，非不读书，但心有所溺，圣贤意思都不能见。科举也是夺志。今既免此，亦须汲汲于学。为学之道，圣经贤传所以告人者，已竭尽而无余，不过欲人存此一心，使自家身有主宰。今人驰骛纷扰，一个心都不在躯壳里。孟子曰：'学问之道无他，求其放心而已。'又曰：'存其心，养其性，所以事天也。'学者须要识此。"（《朱子语类》）

无论学或仕，一颗心总要妥当地安放，只有心里的路明了，脚下的路才不会迷失。

做人做事，有心用心

因建阳士人来请问，先生曰：“公们如此做工夫，大故费日子。觉得今年只似去年，前日只是今日，都无昌大发越底意思。这物事须教看得精透后，一日千里始得。而今都只泛泛在那皮毛上理会，都不曾抓着那痒处，济得甚事！做工夫一似穿井相似：穿到水处，自然流出来不住；而今都干燥，只是心不在，不曾着心。如何说道出去一日，便不曾做得工夫？某常说，正是出去路上好做工夫。且如出十里外，既无家事炒，又无应接人客，正好提撕思量道理。所以学贵‘时习’，到‘时习’，自然‘说’也。如今不敢说‘时习’，须看得见那物事方能‘时习’。如今都看不见，只是不曾入心，所以在窗下看，才起去便都忘了。须是心心念念在上，便记不得细注字，也须时时提起经正文在心，也争事。而今都只在那皮毛上理会，尽不曾抓着痒处。若看得那物事熟时，少间自转动不得。自家脚才动，自然踏着那物事行。”（《朱子语类》）

孔子是个勤勉的读书人，晚年他曾发出这样的感叹：“甚矣吾衰也！久矣吾不复梦见周公。”他最崇敬的便是周公旦与周礼，年轻时日日研读，涵泳浸淫，故日有所思，夜有所梦。如今竟不复在梦中与周公相遇，不禁思之悚然，惟恐去日无多。

做人做事，有心用心，如此而已。

不接地气

须是得这道理入心不忘了，然后时时以义理浇灌之。而今这种子只在地面上，不曾入地里去，都不曾与土气相接着。（《朱子语类》）

不接地气的道理都是空谈，不接地气的人生只是虚度。

知难而进

学者悠悠是大病。今觉诸公都是进寸退尺，每日理会些小文义，都轻轻地拂过，不曾动得皮毛上。这个道理规模大，体面阔，须是四面去包括，方无走处。今只从一面去，又不曾着力，如何可得！且如曾点漆雕开两处，漆雕开事言语少，难理会；曾点底，须仔细看他是乐个甚底？是如何地乐？不只是圣人说这个事可乐，便信着。他原是自见得个可乐底，依人口说不得。（《朱子语类》）

“而今持守，便打叠教净洁；看文字，须着意思索；应接事物，都要是当。四面去讨他，自有一面通处。”又曰：“如见陈厮杀，擂着鼓，只是向前去，有死无二，莫更回头始得！”（《朱子语类》）

今之为学者，如登山麓。方其迤逦，莫不阔步，及到峻处便止。须是要刚决果敢以进。（《近思录》）

智慧的锋芒，总是在水与火的淬炼中锻造而成。

直面人生

先生问："诸公莫更有甚商量？"坐中有云："此中诸公学问皆溺于高远无根，近来方得先生发明，未遽有问。将来有所疑，却写去问。"先生曰："却是'以待来年然后已'说话，此只是不曾切己立志。若果切己立志，睡也不着，起来理会；所以'发愤忘食'，'终日不食，终夜不寝'去理会。今人有两般见识：一般只是谈虚说妙，全不切己，把做一场说话了；又有一般人说此事难理会，只恁地做人自得，让与他们自理会。如人交易，情愿批退帐，待别人典买。今人情愿批退学问底多。"（《朱子语类》）

搁置只是一种变相的逃避，眼前的难题仍然是难题。如果说求学问道之时尚可暂时搁置繁难纠结之处，你又怎能搁置你的人生？

推敲是一份诚意

今人做一件事，没紧要底事，也着心去做，方始会成，如何悠悠会做得事！且如好写字底人，念念在此，则所见之物，无非是写字底道理。又如贾岛学作诗，只思“推敲”两字，在驴上坐，把手作推敲势。大尹出，有许多车马人从，渠更不见，不觉犯了节。只此“推敲”二字，计甚利害？他直得恁地用力，所以后来做得诗来极是精高。今吾人学问，是大小大事！却全悠悠若存若亡，更不着紧用力，反不如他人做没要紧底事，可谓倒置，诸公切宜勉之！（《朱子语类》）

推敲是一份诚意，于诗，于己。如于人于己、做人做事都能怀抱如此诚意，人生当可无憾。

门户之见

某平日于诸友看文字，相待甚宽，且只令自看。前日因病，觉得无多时月，于是大惧！若诸友都只恁悠悠，终于无益。只要得大家尽心，看得这道理教分明透彻。所谓道理，也只是将圣贤言语体认本意。得其本意，则所言者便只此道理，一一理会令十分透彻，无些罅缝蔽塞，方始住。每思以前诸先生尽心尽力，理会许多道理，当时亦各各亲近师承，今看来各人自是一说。本来诸先生之意，初不体认得，只各人挑载得些去，自做一家说话，本不曾得诸先生之心。某今惟要诸公看得道理分明透彻，无些小蔽塞。某之心即诸公之心，诸公之心即某之心，都只是这个心。如何有人说到这地头？又如何有人说不得这地头？这是因甚恁地？这须是自家大段欠处。（《朱子语类》）

学问当有专守，却不可以有门户；专守是坚持自我，门户是拒绝交流。

名声就像玩具

看来如今学者之病，多是个好名。且如读书，却不去仔细考究义理，教极分明。只是才看过便了，只道自家已看得甚么文字了，都不思量于身上济得甚事。这个只是做名声，其实又做得甚么名声？下梢只得人说他已看得甚文字了。这个非独卓丈如此，看来都如此。若恁地，也是枉了一生！（《朱子语类》）

闻名天下的居里夫人，一生获得过十次奖金、十六种奖章、一百零七个名誉头衔。有一天，一位朋友来她家做客，忽然看见她的小女儿正在玩弄英国皇家学会刚刚颁发给她的金质奖章，于是惊讶地说："夫人呀，得到一枚皇家学会的奖章，是极高的荣誉，你怎么能给孩子玩呢？"居里夫人笑了笑说："我是想让孩子从小就知道，名声就像玩具，只能玩玩而已，绝不能看得太重，否则就将一事无成。"

为名亦是为利

学者须是务实，不要近名方是。有意近名，则为伪也。大本已失，更学何事？为名与为利，清浊虽不同，然其利心则一也。（《近思录》）

钱锺书先生曾经说过，朝市之显学必成俗学——如果一门学问，在外界看起来搞得像早市上买菜一样的喧哗热闹，那它一定不是真正的学问而是别有用心的作秀。现代文明的发源地，有人说在监狱，有人说在研究室，无论哪个都是门可罗雀的清净之地。因为只有这里才能让人专心为学，而非着意为名。

“五十之前不著书”

今学者大抵不曾仔细玩味得圣贤言意，却要悬空妄立议论。一似吃物事相似，肚里其实未曾饱，却以手鼓腹，向人说：“我已饱了。”只此乃是未饱，若真个饱者，却未必说也。人人好做甚铭，做甚赞，于己分上其实何益？既不曾实讲得书，玩味得圣贤言意，则今日所说者是这个话，明日又只是这个话，岂得有新见邪？切宜戒之！（《朱子语类》）

“五十之前不著书”，这条至今还在武汉大学的校园里流传的名言，出自民国著名学者黄侃先生。

黄侃治学非常严谨，对待著述十分谨慎、认真。所治经、史以及语言文字诸书皆反复斟酌数十遍，熟悉到能随口举出具体的篇、页、行数，几乎没有差误，即便如此，依然不轻易为文。他常说，学问之道有五：“一曰不欺人，二曰不知者不道，三曰不背所本，四曰为后世负责，五曰不窃。”

黄侃还经常教育学生，中国学问犹如仰山铸铜，煮海为盐，终无止境。作为一个学者，当日日有所知，也当日日有所不知，不可动辄曰“我今天有所发明”，沾沾自喜，其实那所谓发明，真未必是发明。

反求诸己

诸公数日看文字，但就文字上理会，不曾切己。凡看文字，非是要理会文字，正要理会自家性分上事。学者须要主一，主一当要心存在这里，方可做工夫。如人须寻个屋子住，至于为农工商贾，方惟其所之。主者无个屋子，如小人趁得百钱，亦无归宿。孟子说“求其放心”，已是两截。如常知得心在这里，则心自不放。又云：“无事时须要知得此心；不知此心，却似睡困，都不济事。今看文字，又理会理义不出，亦只缘主一工夫欠阙。”（《朱子语类》）

清代学者戴震曾说，古人的道理，当于自家日用饮食之地平心体会，方有心得。其实非特古人的道理，这世上所有的道理、真理若不反求诸己、相互印证，就都是空中楼阁，住不得人的。

所谓“慎思”

《中庸》言“慎思”，何故不言深思？又不言勤思？盖不可枉费心去思之，须是思其所当思者，故曰“慎思”也。（《朱子语类》）

学问除了需要勤奋之外，更需要找准努力的方向。牛顿用前半生思考为什么苹果会自己落到地上，结果发现了万有引力，名垂青史；但也正是他，希望用万有引力定律去证明上帝的存在，结果枉费了后半生。这得失之间，便是“慎思”的关键所在。

自然而然

或曰："先生涵泳之说，乃杜元凯'优而游之'之意。"曰："固是如此，亦不用如此解说。所谓'涵泳'者，只是仔细读书之异名。与人说话便是难。某只是说一个'涵泳'，一人硬来安排，一人硬来解说。此是随语生解，支离延蔓，闲说闲讲，少间展转只是添得多，说得远，却要做甚？若是如此读书，如此听人说话，全不是自做工夫，全无巴鼻。可知是使人说学是空谈。此中人所问，大率如此，好理会处不理会，不当理会处却支离去说，说得全无意思。"（《朱子语类》）

读书有所得乃是随物赋形、自然而然的结果。生硬穿凿，非心所出，不可曰"得"。

请走前门

读书之法，只要落窠槽。今公们读书，尽不曾落得那窠槽，只是走向外去思量，所以都说差去。如初间大水弥漫，少间水既退，尽落低洼处，方是入窠槽。今尽是泛泛说从别处去。某常以为书不难读，只要人紧贴就圣人言语上平心看他，文义自见。今都是硬差排，思其所不当思，疑其所不当疑，辨其所不当辨，尽是枉了，济得甚事！（《朱子语类》）

学者讲学，多是不疑其所当疑，而疑其所不当疑。不疑其所当疑，故眼前合理会处多蹉过；疑其所不当疑，故枉费了工夫。金溪之徒不事讲学，只将个心来作弄，胡撞乱撞。此间所以令学者入细观书做工夫者，正欲其熟考圣贤言语，求个的确所在。今却考索得如此支离，反不济事。如某向来作或问，盖欲学者识取正意。观此书者，当于其中见得此是当辨，此不足辨，删其不足辨者，令正意愈明白可也。若更去外面生出许多议论，则正意反不明矣。今非特不见经文正意，只诸家之说，亦看他正意未着。（《朱子语类》）

巴金说，有人看不见前门，找不见前门，就去走后门，结果一下就撞到骗子怀里了。读书贵能自出机杼，但过分标新立异，只怕会落入陷阱。

三人行，必有我师焉

诸生请问不切。曰：“群居最有益，而今朋友乃不能相与讲贯，各有疑忌自私之意。不知道学问是要理会个甚么？若是切己做工夫底，或有所疑，便当质之朋友，同其商量。须有一人识得破者，已是讲得七八分，却到某面前商量，便易为力。今既各自东西，不相讲贯，如何得会长进！欲为学问，须要打透这些子，放令开阔，识得个‘以能问于不能，以多问于寡’底意思，方是切于为己。”（《朱子语类》）

古人云“海纳百川，有容乃大”。自信与开放的心态，才能带来交流与碰撞的火花。

多存一份宽容之心

先生因学者少宽舒意，曰：“公读书恁地缜密，固是好。但恁地逼截成一团，此气象最不好，这是偏处。如一项人恁地不仔细，固是不成个道理；若一向蹙密，下梢却展拓不去。明道一见谢显道，曰：‘此秀才展拓得开，下梢可望。’”又曰：“于辞气间亦见得人气象。如明道语言，固无甚激昂，看来便见宽舒意思。龟山，人只道恁地宽，看来不是宽，只是不解理会得，不能理会得。范纯夫语解比诸公说理最平浅，但自有宽舒气象，尽好。”（《朱子语类》）

善于怀疑是一种睿智，苛责前人，却是自以为是。

老子可畏

问："杨氏爱身，其学亦浅近，而举世宗尚之，何也？"曰："其学也不浅近，自有好处，便是老子之学。今观老子书，自有许多说话，人如何不爱！其学也要出来治天下，清虚无为，所谓'因者君之纲'，事事只是因而为之。如汉文帝曹参，便是用老氏之效，然又只用得老子皮肤，凡事只是包容因循将去。老氏之学最忍，它闲时似个虚无卑弱底人，莫教紧要处发出来，更教你枝梧不住，如张子房是也。子房皆老氏之学。如峣关之战，与秦将连和了，忽乘其懈击之；鸿沟之约，与项羽讲和了，忽回军杀之，这个便是他柔弱之发处。可畏！可畏！它计策不须多，只消两三次如此，高祖之业成矣。"（《朱子语类》）

老子说，治大国如烹小鲜，要少些翻炒和折腾才能不被揉碎。这不仅仅是修身之学。清静无为，因势利导，老学之精髓。

真实的魅力

作文字须是靠实，说得有条理乃好，不可架空细巧。大率要七分实，只二三分文。如欧公文字好者，只是靠实而有条理。如张承业及宦者等传自然好。东坡如灵壁张氏园亭记最好，亦是靠实。秦少游[①]龙井记之类，全是架空说去，殊不起发人意思。（《朱子语类》）

文字的魅力，来自于精辟的见解与丰沛的感情，而非华丽的辞藻与嘹亮的音韵；人生的魅力，来自于高贵的灵魂与宽容的胸怀，而非超拔的事功与刻意的矫饰。

学之终始

内积忠信，所以进德也。择言笃志，所以居业也。知至至之，致知也。求知所至而后至之，知之在先，故可与几。所谓"始条理者，智之事也"。知终，终之力行也。既知所终，则力进而终之。守之在后，故可与存义。所谓"终条理者，圣之事也"。此学之始终也。（《近思录》）

见善思迁，是眼光与智慧；服义而行，是毅力与操守。合二为一，便是向学。

成德在学

人之蕴蓄，由学而大。在多闻前古圣贤之言与行。考迹以观其用，察言以求其心。识而得之，以蓄成其德。（《近思录》）

三国名将吕蒙，是一位拔自行伍的草根将军。因出身贫寒，故胸无点墨，甚至给主公孙权的公文，都必须请人代笔。孙权曾特意将吕蒙叫到身边，开示以读书向学之用。吕蒙辞以公务缠身，劳神案牍，孙权说："你的事情再多，还能有曹孟德的事情多吗？连我们都手不释卷，你一个做将军的人怎么能无心向学呢？"受教的吕蒙从此发奋读书，眼界、见识增长之快，让人顿生"士别三日，当刮目相看"的感叹。求学是眼界和视界的延展，只有向学之人，才能看到一个更加广博而精彩的世界。

读书识人

伊川先生谓方道辅曰：圣人之道，坦如大路，学者病不得其门耳。得其门，无远之不到也。求入其门，不由经乎？今之治经者亦众矣，然而买椟还珠之蔽，人人皆是。经所以载道也，诵其言辞，解其训诂，而不及道，乃无用之糟粕耳。觊足下由经以求道，勉之又勉，异日见卓尔有立于前，然后不知手之舞，足之蹈，不加勉而不能自止也。（《近思录》）

庄子说："荃者所以在鱼，得鱼而忘荃；蹄者所以在兔，得兔而忘蹄；言者所以在意，得意而忘言。"

香草做成的饵，是为了钓鱼，鱼钓到了，饵便失去了作用；夹子是为了捕兔，兔捕到了，夹子也就不再有存在的意义。对于记录思想和情感的文字而言，我们所要领会的是思想的睿智与情感的高尚，至于文字本身，和香饵、兔夹并无区别。

修辞立诚

明道先生曰："修辞立其诚。"不可不仔细理会。言能修省言辞，便是要立诚。若只是修饰言辞为心，只是为伪也。若修其言辞，正为立己之诚意，乃是体当自家"敬以直内，义以方外"之实事。道之浩浩，何处下手？惟立诚才有可居之处。有可居之处，则可以修业也。终日乾乾，大小大事，却只是"忠信所以进德"为实下手处。"修辞立其诚"为实修业处。（《近思录》）

修辞的目的，只是为了更好地传递真实心声，而非虚伪的文过饰非。

切问近思

明道先生曰："学只要鞭辟近里，着己而已。故'切问而近思，则仁在其中矣'。'言忠信，行笃敬，虽蛮貊之邦，行矣。言不忠信，行不笃敬，虽州里，行乎哉？立则见其参于前也，在舆则见其倚于衡也，夫然后行。'只此是学质美者明得尽，查滓便浑化，却与天地同体。其次惟庄敬持养，及其至则一也。"（《近思录》）

学问，并不需要好高骛远的大言，而是真切深刻的心得。

兴趣是最好的老师

知之必好之，好之必求之，求之必得之。古人此个学，是终身事。果能颠沛造次必于是，岂有不得道理？（《近思录》）

能够带给你快乐与惬意的学问，就像沙漠中的绿洲，一念及此，便心向往之。

有话好好说

“博学之，审问之，慎思之，明辨之，笃行之。”五者废其一，非学也。（《近思录》）

以上五“之”，是《中庸》里所记载的子思的为学心得。用现代汉语解读一番，大意如下：

急事，慢慢地说；大事，清楚地说；小事，幽默地说；没把握的事，谨慎地说；没发生的事，不要胡说；做不到的事，别乱说；伤害人的事，不能说；伤心的事，不要见人就说；别人的事，小心地说；自己的事，听听自己的心怎么说；现在的事，做了再说；未来的事，未来再说……

无知者无畏

人多以老成则不肯下问，故终身不知。又为人以道义先觉处之，不可复谓有所不知，故亦不肯下问。从不肯问遂生百端欺妄人。我宁终身不知。（《近思录》）

庄子说：“吾生也有涯，而知也无涯。”以有限的生命认识无限的世界，有所不知又有何可耻呢？承认无知是一种勇气，不耻下问是一种气度。以此观之，无知者的确无畏。

追求新知

义理有疑，则濯去旧见，以来新意。心中有所开，即便札记，不思则还塞之矣。更须得朋友之助，一日间朋友论著，则一日间意思差别，须日日如此讲论，久则自觉进也。（《近思录》）

学习就像一场漫长的旅行，只有不断前行，才能看到更多美丽的风景。或许在这场旅行当中，会有困惑，会有迷失，但知心的朋友一定会帮助你找到正确的方向。

不求甚解

学者不泥文义者，又全背却远去；理会文义者，又滞泥不通。如子濯孺子为将之事，孟子只取其不背师之意，人须就上面理会事君之道如何也。又如《万章》问舜完廪浚井事，孟子只答他大意，人须要理会浚井如何出得来，完廪又怎生下得来。若此之学，徒费心力。（《近思录》）

陶渊明说，读书当观其大略，不求甚解。观其大略，才能领会主旨大意；不求甚解，才能摆脱鸡毛蒜皮。

孟子的学生万章曾经问孟子："舜的弟弟象要谋杀他，让他去修理粮仓，结果撤掉梯子，点燃仓库；让他去疏通枯井，结果在舜入井之后落井下石。舜侥幸逃过一死，象来看他的时候装得很悲伤，舜居然陪着他一起落泪。这究竟是舜愚钝呢还是他虚伪呢？"

孟子说："对于一个君子而言，你要想欺骗他，只有用道义上存在的常情才可以。象假装自己看到哥哥脱险而激动，在舜看来，这是兄弟之爱、骨肉之亲，当然真心地陪着落泪。”

孟子想要说明的是君子的仁爱之心。但后人读到这段文字的时候却去研究舜到底怎样才能从仓廪和枯井中逃生，这岂非买椟还珠？

读书的效验

今人不会读书。如“诵《诗》三百，授之以政，不达。使于四方，不能专对。虽多，亦奚以为？”须是未读《诗》时，不达于政，不能专对；既读《诗》后，便达于政，能专对四方，始是读《诗》。“人而不为《周南》《召南》，其犹正墙面。”须是未读《诗》时如面墙，到读了后便不面墙，方是有验。大抵读书只此便是法。如读《论语》，旧时未读，是这个人，及读了，后来又只是这个人，便是不曾读也。（《近思录》）

古人于外交辞令上，常讲究“称诗喻志”，也就是在表达出自己的观点与意见之前，往往要从古诗当中选择适当的句子作为引子，一方面使得表达更加委婉含蓄，另一方面也显示自己的学问与修养。因此，对于一个古时的士大夫而言，读诗是一件非常重要的事情。孔子就曾经教育自己的儿子孔鲤说：“不学诗，何以言？”对于做学问的人而言，读诗的目的是为了学会雅言——高雅地表达，如果读过《诗三百》，仍然不会雅言，读书又有何意义呢？

人不可不读史

凡读史不徒要记事迹，须要识其治乱安危兴废存亡之理。且如读《高帝纪》，便须识得汉家四百年终始治乱当如何。是亦学也。（《近思录》）

人不可不读史，否则便难以了解“我们”之所以成为“我们”的缘由，此所谓“一切历史都是当代史”（克罗齐）。

人不可擅读史

今人读书未多，义理未至融会处，若便去看史书，考古今治乱，理会制度典章，譬如作陂塘以溉田，须是陂塘中水已满，然后决之，则可以流注滋殖田中禾稼。若是陂塘中水方有一勺之多，遽决之以溉田，则非徒无益于田，而一勺之水亦复无有矣。读书既多，义理已融会，胸中尺度一一已分明，而不看史书，考治乱，理会制度典章，则是犹陂塘之水已满，而不决以溉田。若是读书未多，义理未有融会处，而汲汲焉以看史为先务，是犹决陂塘一勺之水以溉田也，其涸也可立而待也。（《朱子语类》）

人不可擅自读史，你若还未养成独立的思考力和判断力，便难免怀着功利心和“当下情怀”去断章取义——兴废存亡、制度典章，无非一堆材料，但求为我所用。此亦所谓“一切历史都是当代史”。

历史的教训

先生每读史，到一半，便掩卷思量，料其成败，然后却看。有不合处，又更精思。其间多有幸而成，不幸而败。今人只见成者便以为是，败者便以为非。不知成者煞有不是，败者煞有是底。（《近思录》）

如果仍以“成王败寇”的逻辑来解读乃至书写历史，那就真应了黑格尔所谓：“人类从历史中学到的唯一教训，就是人类没有从历史上学到任何教训。”

用心而已

凡读书，须整顿几案。令洁净端正。将书册整齐顿放。正身体，对书册，详缓看字，仔细分明读之。须要读得字字响亮。不可误一字。不可少一字。不可多一字。不可倒一字。不可牵强暗记。只是要多诵遍数，自然上口，久远不忘。古人云。读书千遍，其义自见。谓熟读，则不待解说，自晓其义也。余尝谓读书有三到。谓心到、眼到、口到。心不在此，则眼不看仔细。心眼既不专一，却只漫浪诵读，决不能记。记，亦不能久也。三到之法，心到最急。心既到矣，眼口岂不到乎？（《童蒙须知》）

岂止读书，人生的要诀亦是“用心”二字。

祖师爷不赏饭

“凡人谓以多事废读书，或曰气质不如人者，皆是不责志而已！若有志时，那问他事多？那问他气质不美？”曰：“事多、质不美者，此言虽若未是太过，然即此可见其无志，甘于自暴自弃，过孰大焉！真个做工夫人，便自不说此话。”（《朱子语类》）

一代京剧大师梅兰芳，早年曾入朱小芬门下学艺。那时的梅兰芳，因为两眼无神，不太上相，被师傅批评为“祖师爷不赏饭”。在梨园行内，“祖师爷不赏饭”是最苛刻的批评，意味着这个人已经被判了终身的“死刑”——他没有学戏的天赋。但梅兰芳没有就此放弃，反而更加发奋。多年之后，已是伶界大王的梅兰芳又一次与老师相遇，老师拱手向他赔罪，梅兰芳说：“如果不是您当初的激励，我一定不会如此发奋用功。”

人生如戏，戏如人生，祖师爷赏不赏饭无所谓，自己赏不赏脸最重要。